岡山県鏡野町の俗信①

# 嘘をつくと尻に松が生える

安藤辰江《ときえ》の俗信三千二百余項目

編著 立石憲利

# 画期的な俗信集

常光　徹

予兆・占い・禁忌・呪《まじな》いに関する生活の知恵や技術を俗信と呼んでいる。俗信研究の道を拓いたのは柳田国男で、雑誌『郷土研究』（大正二年創刊）誌上で「国々の言習はし」と題して各地の俗信資料を紹介し、心意（ものの見方や心のくせなど）を解明する手掛かりとして注目した。現在、俗信資料は膨大な量に達しているが、その多くは、民俗関係の雑誌や市町村史等に少しずつ報告されたものである。俗信集として一冊にまとまった例としては、昭和七年（一九三二）に信濃教育会北安曇部会が編集した『北安曇郡郷土誌稿　第四輯　俗信俚諺篇』をはじめとしてわずかしかない。その意味でも、立石さんがまとめられた本俗信集は貴重だが、本書の特色はそれだけではない。

従来の俗信集は、地域に伝承される俗信を数多く収集し分類したもので、広く俗信の傾向を知る上で便利だが、個々の俗信の伝承者に目を向けることはなかった。本書は、これまでの発想とは違って、安藤辰江さんという一人の伝承者に注目し、辰江さんが伝える三千を超える俗信をまとめた点にある。いわば、伝承の現場に深く分け入り、そこから俗信の働きや意味、その広がりをとらえようとする仕事で、これまでに類のない画期的な成果といえよう。これだけの俗信を伝承されている辰江さんの並々ならぬ力量にはただただ驚かされるが、同時に、自宅に何度も何度も通って耳を傾けてきた、立石さんの熱意と地域の民俗に精通した力量が相俟って結実した俗信集である。

わかりづらい民俗語彙や言い回しなどについては、丁寧な注釈や図が添えてあってありがたい。随処に俗信にまつわる体験談やエピソードがちりばめられているのも興味深い。また、俗信と深くかかわる諺や自然暦についても目配りしている。たとえば、「春の夕焼け蓑を出せ（田植え時期の夕焼けは、翌日が雨）」「タニウツギ（田植え花ともいう）が咲いたころに田植えをするとよい」など、天気の予知や農作業の目安など、暮らしのなかで生きて来た生活の知恵がうかがえて興趣がつきない。

（国立歴史民俗博物館名誉教授）

安藤辰江さん（自宅の生垣前で）

自宅前で安藤さんと立石（左）

自宅近くにある炭焼き窯

暖房用燃料にする割木作り

羽出地区の入り口近くにある七色樫

羽出川の清流

水を湛えた苫田ダム

# 凡例

1. 苫田ダム建設によって、岡山県旧苫田郡奥津町の南部、町役場など重要施設のあった地域をはじめ広範な土地が水没した。

2. 水没した地域だけでなく、旧奥津町全体に大きな影響を与えた。そこで旧奥津町の人々の暮らしを記録するため岡山民俗学会が民俗調査を行った。その結果の一部は、『奥津町の石仏』『奥津町の民俗』『奥津町の植物』『奥津町の民話』などの報告書として刊行した。

3. 『奥津町の民俗』などに収載できなかった民俗、その後に調査した内容も何らかの形で報告しなければならない。それは、調査者に課された責務でもある。その第一冊として刊行したのが本書『安藤辰江の俗信三千二百余項目』である。

4. 書名に「俗信」を冠した県内の民俗調査報告書は、わずかで、俗信の調査は、他の分野と比べて遅れている。

5. 生活の中で活かされていた俗信が急激に消滅するなかで、早急に調査、記録し、報告することは喫緊の課題でもある。本書に続き、旧奥津町内の俗信などの調査報告書を順次刊行する計画である。

6. 収載した資料の中には、伝承されてきた時代を反映して、職業や身体をはじめ、人々の暮らしの中にある卑称、賤称、不快と思われる言葉、性差などが認められる。また、今日では「迷信」といわれるような内容や、今日では禁止されているが、当時行われていたことも記した。もとより、それらを容認するものではない。その立場を理解され、本書が正しく利用されることを期待する。

7. 本書の刊行にあたって、安藤辰江さんをはじめ多くのみなさんのお世話になった。心からお礼を申し上げます。

# 目次

## 三　採録した俗信資料



## 四　安藤辰江から採録した「なぞなぞ」



## あとがき

# 一　暮らしの中で生きる俗信

朝食の前に、お茶を飲む。ペットボトルに入った市販のお茶でなく、お茶の葉を急須に入れ、湯を注ぐ。いい香りがする。今朝も元気で朝を迎えることができたと感謝しながら、ゆったりした時間を楽しむ。

そのために茶葉も、コンビニなどで売っているようなものではなく、茶の専門店で、わずかな値段の違いなので、少しよい品を買って来る。

急須で茶碗にお茶を注ぐと、時たま茶の軸が入り、それが立っていることがある。「茶柱が立った。きょうは縁起がいいぞ、仕事に精出そう」と、心が沸き立つ。

「朝、お茶を飲むと縁起がいい。必ず飲む」と、旧奥津町羽出では言うが、「朝茶は三里戻っても飲め」とも言って、朝茶の功徳を伝えている。

また、「茶柱が立ったことを他の人に言うとよい縁起が、その人に取られるから、黙って茶柱を飲み込む」というように、お茶の俗信も多い。

私たちの生活の中で、何の気なしに行っていることも、先人たちの経験の積み重ねの中から生まれたことが多い。それを短い言葉で、一種の諺のように思い出し実行する。俗信だ。いってみると「民間知識」である。

筆者は餅好きだが、正月の餅は格別においしい。十二月二十五日ごろに餅を搗いた。子どものころ、生家では五～六斗（七五～八〇キログラム）の餅を搗いていた。餅を丸くもむとき、時たま気泡が餅に出来る。いつも出来るものではないから、気泡が出来たことを、無視することも出来るが、何かの意味を持たせることもできる。先人たちは、「これは吉兆だ」と考え、「福袋が出来た」「福が出来た」といって喜び、新しい年はよいことがあると思って、前向きに新年を迎えようとしたのだった。こういう気持ちこそ、人々が苦しい生活の中で、それを克服して生きる力にしていったのだ。

茶柱にしろ、餅の福袋にしろ、人々が前向きに生きようとしている証左だろう。その生き方が、歴史を前に進める原動力になったのではないだろうか。

さて、旧奥津町に苫田ダム建設が強行され、その中で岡山民俗学会によって人々の暮らしの実態を調べる民俗調査が行われた。調査を行っているとき、羽出の安藤辰江《ときえ》さんなどに会え、多くの俗信を採録できた。その俗信を報告することで、先人たちの思いや生きざまに迫っていきたい。先ず、今回は、安藤辰江の俗信を、すべて報告し、次回にその他の人々の俗信を報告することにする。このことで苫田ダム建設で奥津から他所に出て行った人々、奥津に残り、町の中心を失った人々の苦難に、少しでも応えることができればと思うからである。

# 二　苫田ダム建設と民俗調査

## 1. 紆余曲折を経て調査に

苫田ダムが旧奥津町久田に建設が計画されてから、町は「ダム阻止」を町是とし、住民は苫田ダム阻止同盟を結成して反対運動を展開してきた。

これに対して長野士郎知事の岡山県政は、町に対して行政圧迫を加え町政の運営ができないようにするとともに、住民には札束で頬をはつるようなやり方で分断を持ち込み、ついにダム建設が強行されることになった。まさに「分断して統治する」やり方を取ったのだ。地権者は諸事情のなかで、用地を売り渡す人も出てきた。すると県は、埋蔵文化財センターを中心にして早く住民は出て行けと言わんばかりに発掘調査を着々と行っていった。

用地を売却し町を去る人が出てくるなかで、岡山民俗学会の理事長だった筆者は、移転する人々が生活した姿を記録しておかないといけない。しかし、調査に入ると、発掘調査と同様、ダム建設を推進する立場になるのではないか。しかし、調査しないと永劫に人々の暮らしのことが、分からなくなる。調査し記録に残すことが、移転者も含めて町民に対する岡山民俗学会のできる気持ちではないかと迷ったのだった。

やはり、きっちりと調査し、記録に残すことが必要だと自らに言い聞かせ、調査できるように力を注いだ。

そこで「埋蔵文化財という、ずっと昔の人のことは、県職員によって、しっかり調査するが、ダムで直接、間接に影響を受ける町内全域の現在の住民のことは県職員によって調査しないでよいのか」と、県にたびたび訴えたが、なかなかよい返事はなかった。しかし、あきらめずに訴え続けた。

一九九五年になって、やっと、建設省苫田ダム工事事務所、岡山県教育委員会文化課、奥津町、岡山民俗学会の四者で、民俗調査のことで話し合いが行われ、一九九七年度から五ヶ年計画で岡山民俗学会が民俗調査を行うことに決まった。

そこで調査に入ろうとしたところ、町教育委員会が、調査には協力できないというのだ。表向きの理由は、「町史編纂事業を進めていて、その中に民俗の項目があり、地元で執筆するから、わざわざ町外から来ていただなくてもよい」というものだった。町で、町民ぐるみで調査できるのなら、それでよいと思い、人を介して実情を聞いてみると、計画している町史の中で、民俗の項を調査・執筆するのは一人だけ。町史の中で民俗の項は、分量が少なく、人々の暮らし全般にわたることなので大変なことだと町教委に話したが理解してもらえなかった。(『町史』での記述は、指摘したように一般論を述べたようなものになっている)

仕方ないので、岡山民俗学会が建設省から委託されて、経理も含めてすべてを行うことも考えたが、経理などは素人なので不可能だと思った。相談していたところ町の企画財政課（のちに観光課にかわる）が、補助金の経理だけは行うということで話がまとまった。

そして苫田ダム水没地域民俗調査委員会と同民俗調査編集委員・編集協力委員が決まった。調査委員会には、民俗学会から筆者が、調査編集委員には、民俗学会から筆者ら四人が加わった。

実際に調査・執筆する民俗調査団は、岡山民俗学会の二十五人が加わり、筆者が団長に就任した。

## 一九九七年から実地調査

民俗調査は、一九九七年十一月から二〇〇二年三月まで行われた。調査が始まった当初、町史関係者から陰に陽に妨害があったが、争わない方針を取った。

また、調査団の中からも、担当する自分の項目は専門的な分野なので、原稿料を他より高くしてくれないと調査・執筆できないという要求が出された。この要求に対しては、「執筆者は、その項目に関しては、全員が専門だ。項目で差を付けることはできない」と、要求は受け入れなかった。そのため、その項目の担当者は、調査団を退いた。そんなことで一部の項目で筆者らが代わって執筆したため、不十分な記述になったことは残念だった。

いろいろな困難はあったが、調査・執筆を進め二〇〇四年三月に『奥津町の民俗』（Ｂ５判八九〇ページ）として刊行できた。

筆者は、調査団長とともに実質的な編集者として執筆・編集、校正、監修にあたった。刊行後、町民の方から「この報告書は、奥津町の人々の暮らしを調査した最初で最後の記録になるだろう。町民のことを詳しく残してくれてありがたかった」との声を聞き、苦労した甲斐があったとうれしかった。

『奥津町の民俗』とともに、水没地区・奥津町のことを少しでも残さねばと建設省とも話し、『奥津町の植物』（吉澤利忠、羽賀実、立石憲利執筆、B6判二五二ページ、オールカラー、二〇〇三年三月刊）『奥津町の石仏』（立石憲利、片田知宏調査、執筆、B5判三二四ページ、二〇〇四年三月刊）『奥津町の民話』（立石憲利編著、A5判、三七六ページ、二〇〇四年三月刊）も、あわせて刊行できた。

その他の項目についても調査刊行したかったが、ダム建設工事が始まり、建設省から建設に伴う調査費用が出なくなったため、時間切れになったのだった。

必ずしも十分なものとは言えないが、ダム建設に伴って、いくつかの項目について調査、報告が出来たことで、少しほっとしたところだ。

## 2. 安藤辰江さんに会う

苫田ダムの建設に伴い、苫田ダム水没地域民俗調査団が岡山民俗学会会員によって結成され、奥津町内の全域にわたって調査を進めていた。岡山民俗学会の理事長だった筆者は調査団長に就任し調査、執筆、編集などの責任者となった。

六十二歳で勤め先を退職し、当時行っていた『金光町史・民俗編』（一九九八年十月一日発行、A5判八九〇ページ）を編集作業から担当、どうにか刊行にこぎつけた。続いて『井原市史・民俗編』の調査、執筆、編集などで、週に三日間ぐらい片道一時間かけて井原市に通い、二〇〇一年三月三十一日に刊行（A5判一〇一〇ページ）することができた。

『井原市史・民俗編』が刊行されると、苫田ダムの民俗調査が待ち受けていた。総社市の自宅から二時間あまりをかけて奥津町に通うことになった。宿泊することもあったが、ほとんどは日帰りだった。まだ六十歳代だったから疲れるということはなく、調査で新しい方々に会え、新しいことが聞けるので、胸を躍らせて通いつめた。調査の最終段階の二〇〇〇年三月二十一日、羽出東谷の安藤博行、辰江夫妻を訪ねた。すでに調査団員の多くは、報告書の執筆に取りかかっていた時期である。

博行は羽出東谷の現住所で生まれ育ち、妻の辰江は羽出西谷の出身で、博行と結婚し、博行家に嫁してきたのだ。

最初に聞いた話は、「捨て子」の話だった。

捨て子は、生まれ付き体の弱い子や「四十二の二つ子」（四十一歳で生まれた子）を捨てる。宮参り後にタカノバチ（竹の皮で作った笠）に入れて四つ辻のまん中に置く。四十二歳が「死に」に通じるからだともいう。前もって相談していた人が拾い、「拾い子をした。うちの子になる」と、ご先祖様に報告して、サルシ（晒布）一反で背負い、米一升（一生頼みます）豆（大豆）一升（一生マメ〈丈夫〉なように）を袋に入れて捨て親に預けに行く。拾ってくれた人との間は、一生、親子の付き合いをする。その子が結婚するときは、拾い親は正座につき、年の祝いには、全部祝いをする。子の方も、親の祝い事は全部する。親が亡くなったときも、子の付き合いをして墓参りもする。

この話を聞いたあとで何かの拍子にカボチャの話になり、筆者が、カボチャが大好物だ。栗カボチャなど、ほっこりしたのが好きなどと話すと、「カボチャは冬至までに食べるもの。年越しすると中から蛇が出る」という俗信に続いて、蛇に関する俗信二十数項目を話してくださった。

また、民話（昔話、伝説、世間話）を二十話以上も語ってくださった。辰江は、すばらしい伝承者だと確信し、それから約四十回、訪問して主に俗信を聞かせていただいた。その俗信の数は三千項目を超えるものだった。また、二段謎や三段謎など百項目以上も聞かせていただいた。

本書では、安藤辰江の俗信と謎を報告する。

安藤辰江《ときえ》は、昭和三年（一九二八）八月七日に羽出西谷に生まれる。辰年の生まれだから父親が辰江と名付けたが、母親が、辰江の読み方を自分の好きな鳥〈トキ〉の名前にしたという。

## 3．俗信とは

俗信とは何なのか。比較的簡潔に紹介されている『日本民俗事典』（大塚民俗学会編、弘文堂、昭和四十七年二月十五日刊）から引用して紹介しよう。

既成宗教に対する民間信仰の一部を占め、体系をなさず、非合理的な心意伝承を形成している。これらのうちには、人がその運用を誤って、社会に害悪を及ぼしたりする内容もあり、これを迷信と呼んでいる。しかし本来、俗信は、人の潜在的心意の表現であって、迷信とされることに問題がある。その中心は、一般に予兆・禁呪占をはじめ妖怪・幽霊・諺・唱え言葉・民間療法を含んでいる。これらは、原始古代以来の自然現象・人事現象、動植物の動きに対する人間の観察と体験から生じた心意であって、換言すれば蓄積された民間知識といえる。（以下略）

なお、『日本民俗事典』にある「妖怪、幽霊、諺、唱え言葉」は、『奥津町の民俗』の中で報告されているため、「予兆・禁呪占」「民間療法」などを本書では主に報告することにした。

これまで一人で伝承している俗信が千項目以上もあるという話は聞いたことがなかった。苫田ダム建設に伴って調査した『奥津町の民俗』の中の「民間信仰」の一つの節に「俗信」があり、景山志穂が調査、執筆している。その中で取り上げられているのは、「忌まれる土地」「妖怪」だけである。

『岡山県史　民俗Ⅱ』（昭和五十八年刊・岡山県史編纂委員会編）では、第十二章　民俗知識の項で、主に俗信が扱われている。その章では、「天文気象」「諺・唱え言・謎」「民間療法」

と節が分かれ、佐藤米司、立石憲利が執筆している。ここでは「俗信」という言葉は使われていない。

このように、いわゆる「俗信」は、調査者、執筆者によって、言葉の使い方、分類がまちまちになっていて、他の項目と比べて変動が多い。このことは、「俗信」が、民俗分類のなかで固定的な地位を占めていないということができるだろう。

## 4．一人で三千項目以上の俗信

俗信とは何かについては、いろいろな説があるので、筆者は前記の『日本民俗事典』の記述を参考にして、採録した俗信と考えられるものを、できるだけ広く資料として刊行することにした。

筆者が所蔵している俗信の収載されている民俗誌などを見るかぎり、「俗信一束」という形で、項目数も少なく、簡単な報告が多い。また、その俗信を誰から採録したのかということは記されていない。

そこで安藤辰江という一人の女性が、祖母や父母、そして近所の人から聞き、それを日常生活の中で活かしてきたものを、できるかぎり収載し報告することにした。俗信のあとに、関連することなども記した。

収載した俗信の数は、三千項目以上になる。これには、何回も採訪したので、同じような内容のもので、言い回しが異なるだけものがある。それらも別の俗信として収載した。

これら多くの俗信が、生活の中で活かされてきたのだ。三千項目以上という膨大な数の俗信が生活の中の、それぞれの場面で思い出され、活かされていた。まぎれもなく「民間知識」として、大きな役割を果たしてきたといえる。それにしても三千項目を一人の伝承者から採録した例は全国的にも例がないだろう。

## 5．寿命の俗信

人は、本人の寿命が何歳まであるかを予知することはできない。年を重ね、老衰して亡くなるというのは、幸せな死に方だといわれる。また、死者の顔を見て、ほほえんでいると、その人の人生が満ち足りていたといわれたりもする。

老衰だけでなく、事故や病気などで亡くなる人も多い。「米寿までは元気でいたい」「卒寿までは生きたい」「いま健康なので白寿までは生きていられるかも」など、それぞれの人は、自分の心の中で思っている。しかし、それは本人の希望であって、実現するかどうかは分からない。

俗信の「か」行の68～73は、寿命に関するものだ。

68 月夜に影が映らなかったら、その年に死ぬ。

69 六月十五日のニホンレンゲの日に、田んぼに行って、水に首（頭部のこと）が映らなかったら、その年に死ぬ。それを恐れて水当てにも行かない。

70 満月のとき、影に首がなかったら寿命が短い。（毎月の十五夜）

71 高野山（和歌山県の北東部にある真言宗の総本山）の古井戸をのぞいて、首が映らなかったら、近いうちに死ぬ。

72 苗代に籾種を播いた人が、苗日（四十九日目）に苗代に行き、首が映らなかったら死ぬ。

73 満月のとき、影が薄かったら寿命が短い。

よく「あの人は影が薄い」と言ったりする。元気だったり、活躍していた人が、急に弱ったり、動きがなくなったりすると、そう言う。この場合の影は、実際に地面に映る日影や月影ではない。人々の眼に映らない、印象度が薄くなることだろう。

68～73は、月夜や特定の日や場所で、頭部（首という）の影が映らなかったら寿命が短いというものだ。これは実際に目に見えるものだ。こんなことがあったとき、どうするか。これまでに聞いたところでは、神社だとかお寺に行って祈祷してもらうという例をよく聞く。本人が実際に体験すると、心おだやかではない。「そんなことは迷信だ」と片付けるわけにはいかないだろう。

こんな話を新見市内で聞いた。

一月十五日の小正月の夜（旧暦）、青年がホトホトで各家を巡っていた。ホトホトは小正月の晩、青年や厄年の人が変装して各家を回り、藁で作った馬を縁側に置き、縁側を叩く（ホトホトと音がする。コトコトともいう）と、家の人が祝いに餅やお金をくれる。正月神の来訪の姿だ。ホトホトのとき一人の青年の頭部（首）が月影に映っていない。みんなで「首が映っていない」と言って、本人も確認する。小正月に首が映らなかったら、その年までの寿命だといわれるから、神社で祈祷してもらう。すると、次の十五日の月影には、首がちゃんとついていたと。

月の影や水に映る影などが、寿命が関連していると、人々は信じていたので、このような俗信が生まれたのだろう。寿命だけは、当の本人が決めるわけにはいかないので、このような俗信が、本当に信じられていたのだろう。

## 6. 二割が民間医療の俗信

安藤辰江から採録した三千項目以上の俗信を、ざっと見ると、民間療法に関するものが多いことが分かる。その数は六百項目を上回るもので、全体の二〇%を超えている。

今日でも、切り傷をすると、ヨモギを摘み、それをもんで患部に当てると出血が止まり、早く治るので、医者に行かないことが多い。鼻血が出たときも、ティッシュを丸めて鼻に詰めるが、野外の場合には、ヨモギをもんで鼻に詰める。この療法も効果的だ。ところが、古老がいないと、そんな応急措置も知らない人が多くなってきた。都市部では、ヨモギそのものを知らない人さえいるようになった。

病気や怪我などの場合、すぐに救急車を呼んで病院に搬送してもらったり、自動車で病院に行ったりして治療を受けることのできる今日だが、そうなったのは最近のことである。医療保険が国民全般に行きわたった結果、医療費の三割または一割負担で治療ができるようになったことも大きい。

もちろん病院や診療所が各所にでき、医薬品も豊富に出回っているからでもある。

私が生まれ育ったのは、旧奥津町と、あまり離れていない久米郡大井西村（現津山市）という寒村である。子どものころ、父と母は、交代で病気になっていた。父が病気になると、母に百姓仕事がのしかかる。父の病気が回復するころには、母が病床に伏すという状況で、五反百姓などで稼いだもののほとんどは医者代として支払ったという。「年末には、医者から歳暮が届いた」と、父は苦笑いをしていた。当時は、健康保険はなかったので、全額医療費は自己負担だった。

したがって、医者代、薬代を少なくするためにも、山野に生えている薬草を採取し、乾燥などして保存しておく。また、ミミズも、体内の泥をしぼり出して乾燥させておき、熱冷ましとして利用する。マムシ（クチハメという）も、皮をむいて乾燥しておき、皮も骨も大切な薬だった。このように動物も植物と同様に利用した。

安藤辰江の俗信の中に、民間療法が二〇％以上もあるのは、私の父母たちと同じような環境にあったからであろう。

それにしても、例えば「あ」行の俗信〔あ〕の項「2」の「槙の木を燃やしたとき、切り口から出る泡を付けると、アイクチが治る」という俗信を、誰が、このようなことを発見し、実践したのか、私には想像することさえできない。アイクチと切り口の「クチ」が共通していることから始まったのかもしれないとも考えた。それを長い間、何代、何十代にもわたって伝承してきたと考えると驚くばかりだ。

私は、民話（昔話、伝説、世間話）を採録し、それを語っているが、その伝承の形と同じようなものだろうかとも考える。今日まで伝えられてきた昔話は、室町時代（一三三六～一五七三年）から伝えられてきたというのが通説である。数字で区切りのよい一五〇〇年からとしても五二〇年ほどになる。それが口伝えで伝わってきたのは、語りを聞いた子どもが「おもしろかった」「楽しかった」「怖かった」などと感動し、その感動を自分の子どもたちにも伝えたいと語る――すなわち感動の連鎖で伝承されてきたのだろうと考えている。

俗信は、実際の体験によって裏打ちされ、体験が積み重なったから伝承されてきたものだろう。伝承の姿は、昔話とよく似たものではないだろうか。

## 7. あの世との境

「あ」の項72の「雨垂れ落ちには神様がいる」という俗信に続いて、76までが雨垂れ落ちに関連する俗信である。今日の住宅では、屋根に降った雨は、樋《とい》を通って流れ、雨垂れが落ちることは、ほとんどない。以前の家は草葺き屋根で、庇《ひさし》がなかったから、雨垂れが家の周囲に落ちていた。雨垂れ落ちから外側は、異界とする考えがあった。したがって、75の「神様仏様に供えたお茶は、雨垂れ落ちより外に捨てるもの」というのは、神仏のいる世界に届けるということになるのだ。今日では、何気なしに、神仏に供えたお茶を、汚れた水として流しや洗面所に流してしまうが、ちょっと昔までは、異界に届けたのであった。

雨垂れ落ちは、異界との境界であり、73「神様がいてござる」74「ツバをはかれない」76「雨垂れ石を踏むな」と特別の場所として考えられていたのだ。

私の育った久米郡大井西村（現津山市）では、葬式で棺の蓋を閉める釘を打つのは、先ず雨垂れ落ちの石で打ってから金槌で打っていた。その習慣は、今日でも残っているという。これも、異界に赴く死者だから、そうしていたのだ。

「そ」の項9の「葬式の草履は、雨垂れ落ちに、一枚のむしろを敷いて作る」も、雨垂れ落ちが、異界との境界だと考えたからであろう。

「そ」の項11の「棺担ぎは、草履を六道のところで脱ぎ捨てて帰る」という。六道は、六地蔵であり、あの世とこの世の境界である。棺を担いで死者を、あの世に送った者は、この世に入るとき、あの世に行った草履を脱ぎ捨てて帰るのだ。雨垂れ落ちと同じ考えである。

羽出では「か」の項146の「棺打ち石は、川原でやわらかい石（青石など）でないものを拾って来る。打ったあとは膳に載せて墓に持って行く」「か」の項144「棺を打つ石を川原に拾いに行くときは、必ず二人で行く。一人で行くと、死んだ人が、さばりに来る」という。川原も、雨垂れ落ちと同様、あの世との境である。だから一人では石を拾いに行かないし、棺を打ちつけたあと墓に持って行って、枕石の上に置き、四十九日の間、仏様同様、その石に水を注ぐ。石碑を立ったら、その石も、石碑の壇に置かれて祀られる。火葬になって、この風習もなくなった。

以上は、俗信の一、二の例で、その意味を考えたが、他の俗信でも同じように、人々の思いが込められているものだ。

## 8. 消えていく俗信

近年は、この俗信が日常生活の中で、多くが忘れられ、暮らしの中で活かされることが少なくなった。

一は、生活様式が大きく変わったこと。

二は、農林業中心の暮らしから、勤労者（賃金労働者）としての生活に、一九五〇年代以降に急速になっていったこと。

三に、ラジオ、テレビ、スマホ、新聞、雑誌などを通じて、地域社会という狭い範囲から、全県、全国、世界へと情報が広がっていったこと。

四は、家族構成が核家族化し、農山村でも文化の伝承が俗信も含めて、なくなっていったこと。五は、家、集落、神社の氏子、寺の檀家など、狭い地域で行われていた祭りや行事などが衰退し、町村合併もあって広域化し、信仰を伴わないイベントと化していったこと。

以上のことなどによって人々の考え方が、広域化し、全国共通、世界共通になっていった。クリスマスや節分の恵方巻きなどもその一例だ。

以上五項目を記したが、それ以前に、生業の中心である農林業そのものが大きく変わったことを忘れてはならない。

例えば「い」の項63～76は、田植えのことなどの俗信を記している。

63の籾播きは、四月十六、十七日ごろに播くといわれたが、今日では、多くが苗作りは、地域で、大型のビニールハウス内で育て、五月の連休前後には田植えをするようになった。田植え機で田植えをするので、以前と比べると、若い苗を植えるのだ。それに品種改良で寒冷地に適和する品種が育てられている。

第二次大戦後のころと比べても大きく変化している。昭和二十年のころは、水苗代で、苗代の短冊に、風呂の残り湯に一晩浸けた籾を播いていた。その後、籾を播いた上に籾殻の焼いたものを撒く。次に、それに油紙をかぶせる保存折裏苗代になる。さらに油紙がビニールになり、マルチになっていく。さらに、農家ごとの育苗でなく、集落ごと、そして、もっと広域でビニールハウス内で育てる。加温もするというように苗が早く育つように工夫され、五月連休ごろに田植えができるようになっていったのだ。

田植えも、苗を一株一株、手で植えるやり方から、田植え機が導入され、今日では乗用型の田植え機で、水田の中にほとんど入らなくても田植えが済むようになった。若い世代の人は、手植えの仕方さえ十分知らない時代になった。

以前は、田植え、特にワサ植え（最初の田植え）のときは、「きょうは、ワサ植えだ」と張り詰めた雰囲気があったが、今日では、一人で田植えをするというのも珍しくなくなった。家族は、田植えを見物する程度になったのだ。

以上は、田植え前後の一例だが、俗信も手労働の時代のもので、機械化すると、その俗信も消えていった。

田植えだけではない。例えば養蚕だが、今日、岡山県内には、養蚕農家はほとんどなくなった。若い人も、蚕そのものを知らないという状況だ。

第二次大戦中までは（大戦末期には、食糧増産のため、桑畑がサツマイモ畑などになる）養蚕が盛んだったが、戦後は急変した。化学繊維が製造され、絹糸や絹織物は、わずかになっていった。

戦中までは、多くの農家が蚕を飼っていたのだ。俗信「か」行の「か」の項のうち十七項目は蚕や養蚕に関するものである。このような俗信は、養蚕を経験した高齢者でないと知らないものだ。そういう意味でも、安藤辰江の俗信資料は貴重なものといえる。

家や集落内で役割を果たしてきた「俗信」は、生活の中で必要度が薄れ、暮らしの中から消え、忘却されていったのである。

そこで、古老から俗信を聞いて記録して、少し以前の人々の考え方を明らかにしなければと考えた。調査の中で何人かのよい伝承者から多くの俗信が採録できた。最初に、羽出の安藤辰江の伝承を、できる限り詳しく本書に収載する。他の伝承者については、引き継き報告し、旧奥津町の俗信の全体像に近づけたい。

安藤辰江から採録した俗信を、次にすべて収載する。俗信の中にある中心的な言葉を、五十音順に並べた。それを「あ」行……というように並べ検索しやすいようにした。

## 9. 採訪の経過

本書に収載した俗信の採録には、長い日時を要した。採訪は二〇〇〇年から二〇二〇年まで、二十一年間、三十八日におよぶ。

安藤辰江さんは、この間、よく調査に協力下さった。ご家族のみなさんも快く迎えて下さり、部屋の準備はもちろん、茶菓の用意までして下さった。

この協力がなかったら、三十八回もの訪問と聴き取り調査は不可能だっただろう。安藤さんはもちろん、ご家族のご協力に、心から感謝するものである。

なお、採訪の日程は次のとおりである。

〈採訪の日程〉

〈二〇〇〇年〉

①二月十七日　②二月二十九日　③三月二十一日　④三月二十二日　⑤四月二十一日　⑥五月十日　⑦五月十一日　⑧六月六日　⑨八月二十七日　⑩十月二十五日　⑪十二月六日。

〈二〇〇一年〉

①一月二十日。

〈二〇〇四年〉

①八月三日　②十二月十五日　③十二月二十日。

〈二〇〇五年〉

①一月五日　②一月十二日　③一月十八日　④一月二十六日　⑤二月十四日　⑥三月八日　⑦八月十八日　⑧十月十日　⑨十月二十四日　⑩十一月二日　⑪十一月十一日　⑫十一月十七日　⑬十一月二十八日　⑭十二月五日　⑮十二月十二日。

〈二〇〇六年〉

①一月六日　②一月十二日　③一月十六日　④一月二十六日　⑤二月三日　⑥二月十日　⑦四月二十四日。

〈二〇二〇年〉

①八月二日。

以上の採訪日程から分かるように、二〇〇〇年、二〇〇五年、二〇〇六年の三年間に集中して調査に訪れている。全体で三十八日。

一日の調査時間は、二時間程度。午前十時～十二時。または、午後一時半～三時半であった。

安藤さんの年齢や体調などを勘案するとともに、筆者も総社市の自宅から安藤さん宅まで、自動車で二時間余りかかるので、一回二時間が調査時間になったのだった。

なお、筆者が八十歳になり、自動車の自損事故を起こしたのを機に免許証を返納することになった。最後には、津山市の田村洋子さん（津山語りの会いろりばた）に、津山駅から送迎していただいた。

このように、多くのみなさんの援助で、本書が刊行できた。心からお礼を申し上げます。

# 三　採録した俗信資料

## 1. 雨垂れ石を踏むな ―「あ」行の俗信―

〔あ〕 ＜一一一項目＞ ―青菜・アカギレ・アケビ・アセモ・雨垂れ……

1 アイクチが切れたときには、「カラスさん、カラスさん、真似をしませんから、アイクチが切れたのを治して下さい」と、三回唱えると治る。（アイクチは、上唇と下唇が合う唇の左右）

2 槙の木（「ホウソ」「ホウソウ」ともいう）を燃やしたとき、切り口から出る泡を付けると、アイクチが治る。

3 挨拶は、敷居越しではしないもの。

4 葵《あおい》の花が高くなったら梅雨が明ける。（なお、葵の花が咲き出したら梅雨入りすると、同地区でいう）

5 青菜の茹でたものを男に見せな。女房が食うたものと思う。（青菜を茹でると、量が少しになるのでいう）

6　青菜は焼くな。

7　アカギレ（冬の皮膚病）には、松脂《まつやに》や杉脂を焼け火箸で溶かし込むと治る。

8　アカギレには杉脂を入れる。

9　アカギレには、皮鯨の脂を焼け火箸で溶かして入れる（「にやし込む」という。皮鯨は長さ二十センチ、高さ七センチ、幅五センチぐらいの固まりで、「砥石」と呼んでいた。それを厚さ五ミリぐらいに切り、焼火箸を当ててしじる。それを味噌汁などに入れる。味噌汁は鯨汁といって美味だった。鯨は、シロナガスクジラやナガスクジラだったのだろう）

10　赤ちゃんが笑うのは、産《うぶ》の神が、こそばして（こそばゆくして）いるからだという。泣くと、抓《つ》めっている（抓ねる）という。

11　アカザを浸《した》し（お浸《ひた》し）にして食べると、中風にならない。（アカザは、ヒユ科の一年草で畑地などに自生。茎は一メートルほど伸びる）

12　アカザの杖をつくと中風にならない。

13　明き方《ほう》（恵方《えほう》）は、何事もよし。（明き方は、その年の歳徳神《としとくじん》のいる方向）

14　秋の日は釣瓶《つるべ》落とし。（井戸の釣瓶が落ちるように、早く暮れること）

15　アケビを屋敷に植えると、絡《から》みごと（喧嘩）が絶えない。（アケビのつるは長く伸びる）

16　アケビは庭木には植えない。絡みごとがある。

17 アケビのつるは利尿剤。煎じて飲む。

18 アケビの雄しべを掌に並べ、手の端を叩いて立つと、まんがよい。

19 アケビの雄しべ三個を掌に入れてゆする。その時「爺婆は寝とれ、嫁は起きて茶ぁ焚け」(「子どもは起きて学校へ行け」ともいう)と歌いながらゆする。歌が終わると手を開き、その位置関係が、そうなっているかを占う。

20 アケビ、ゲンノショウコ、ドクダミ、カキの葉を干して煎じて飲むと健康になる。

21 麻《お》播き桜が咲くと、麻を播く。(四月二十五、二十六日ごろ)

22 麻が一尺ほど伸びたときには、イタチの子が走っても大きくならない。(折れやすいから)

23 麻は、鎌ではなく、竹のへらで葉を落とす。(へらは、竹を二尺ぐらいに切り、割って刀状にしたもの。麻は先端まで皮をむくので、先を切り落とさない)

24 赤ちゃんの痣《あざ》は後産《あとざん》の汁を付けると治る。

25 アサジはネズミが食わん。(アサジは、シナノキ。材は障子の桟、経木《きょうぎ》などにし、甘皮は丈夫なので小縄などにない、農家の道具作りなどに用いる)

26 朝、お茶を飲むと縁起がいい。必ず飲む。

27 都会に出て脚気《かっけ》になったら、生まれ故郷の朝露を踏んだら治る。

28 アサドリのお茶は利尿剤。

29 アサドリの葉の裏の白いものを、お茶にして飲むと肺病（結核）になる。
30 朝日が入る家は繁昌する。しかし、早く滅びる。
31 朝焼けは、天気が悪くなる。
32 朝、霧が上へ行くと天気が悪い。
33 足の毛を剃ると、火事のとき足が立たなくなる。
34 足痛には、足王様に、長い草履（または草鞋《わらじ》）を供えて、お願いする。
35 アジサイの花を、土用の丑の日に採って、オドクウ様（土公神、かまどの神）に供えると、お金に不自由しない。
36 アジサイの花を玄関に下げておくと魔除けになる。
37 アジサイの花を便所に吊るしておくと、婦人病にならない。
38 小豆《あずき》を土用の入りに播くと、よくできる。「土用の入り播き」「入り播き」という。
39 ネムの花が咲くと、小豆を播く。七月十日ごろ。早く播くと、つるばかりになる。
40 小豆は土用の二つ葉。（植え急ぎをしないこと）
41 小豆は、土用の凪に三日遭えばよい。
42 苗床（苗代）の畦《あぜ》には、小豆を植えない。四十九日（中陰）のものになりたいという。（縁起がよくない）

43 小豆の花には、蛇が通ってもいけない。（花がすぐ取れる）
44 小豆は健康のための食べ物。力がつく。
45 小豆を食べると体力がつく。小豆飯を食べると元気になる。
46 小豆は脚気《かっけ》に効く。
47 お産のあと小豆を食べてはいけない。体が冷える。
48 枕に小豆を入れると、頭を冷やすのでよい。
49 ズイキ（里芋）の頭芋《かしらいも》（親芋）を煮るときには、小豆を入れて煮る。「いとこ煮」という。（いとこ煮は、小豆、ゴボウ、大根、里芋、豆腐など堅いものから順に入れて煮込んだもの）
50 小豆島霊場（香川県小豆郡）。四国八十八カ所霊場のミニ霊場）に参るとき、小豆を飲めば生理が伸びる。三粒飲めば三日伸びる。（小豆島霊場には、生理の者は参られないという）
51 小豆は、正月十五日からでないと炊かない。（小正月に小豆粥《がゆ》を作って食べる。また、その小豆粥で作占いをする）
52 アスナロウ（翌桧《あすなろ》）の葉を煎じて飲むと、黄疸《おうだん》に効く。アスナロウは山の境木にする。
53 アスナロウは腎臓に効く。煎じて飲む。
54 アスナロウの葉を煎じて飲むと肝臓の薬。
55 畦草《あぜくさ》を春に焼くと虫が少なくなる。

56　アセビを庭木にするな。毒木なので嫌われる。

57　アセビの葉や木を煎じた汁で、牛のシラミを取る。人の頭や着物も煎じ汁で洗うとシラミが取れる。以前は、シラミを持った人が一般的だった。（先の戦争で、兵隊から帰ったとき、脱いだ服は家の中に置かず、庭の垣に掛けておき、煮え湯で洗った。服の縫い目にシラミがいっぱいいいた。煮え湯でないと卵が死なない）

58　アセビ（アセブともいう）を煎じて出来る黒い汁を、牛につけるとシラミが取れる。あまりきつい（濃い）汁をつけると毛が抜ける。

59　アセビを山羊に食べさせると死ぬ。

60　アセビは毒木。馬、羊、山羊などが食べると死ぬ。

61　アセモ（汗疹）は、桃の葉を煎じた汁で拭くと治る。

62　アセモは、カンポコ（カンボク）を煎じたものを付けると治る。（カンボク『肝木』は、レンプクソウ科の落葉低木。ブナ帯以高の山地に生える。揚子の材料になる）

63　痣《あざ》は、後産《あとざん》の汁を付けると治る。

64　後産は、家の外に出してはいけない。焼いていた。

65　後産は、納戸の床の下に埋め、上に石を置く。野の物に掘られたらいけないから。

66　アナウツギの甘皮を煎じて、その汁を付けると中耳炎に効く。

67 アナウツギの箸は作らない。腹がへる。中が空洞なのでそういう。箸は必ず折って捨てる。折らないと狐がついて来る。

68 アブは、茅の穂（ススキ）が出たら出なくなる。山に牛を出しても、アブに食われない。牛は雪の降る前に山から下ろした。

69 雨蛙が鳴くと雨が降る。

70 雨蛙を生きたまま呑むと、胃腸病の薬になる。

71 雨蛙の尻に麦藁を刺し、ふくらませて遊んだ。パーンと破裂させた。死んだ蛙は、「蛙どん蛙どん、いつ死んだ。夕べ酒飲んで今朝死んだ」といって、お墓を作って埋めた。

72 雨垂れ落ちには神様がいる。以前の民家は、多くが草屋根で、下屋《げや》はなかったから樋《とい》もなかった。草屋根から雨垂れが落ちていた。

73 雨垂れで手を洗うな。雨垂れには神様がいてござる。

74 雨垂れ落ちには、ツバをはかれない。

75 神様や仏様に供えたお茶は、雨垂れ落ちより外に捨てるもの。

76 雨垂れ石を踏むな。

77 卯月八日に甘茶を飲むと元気になる。（四月八日は、お釈迦様の降誕《こうたん》を祝って、誕生仏に甘茶を注ぐ灌仏会《かんぶつえ》が寺院で行われる。甘茶をいただき、飲む）

78　四月八日の花祭りに、「茶」（チャ、ちゃ）の字を書いて、家の入り口の柱に逆さまに貼っておくと、長虫（蛇）やムカゼ（ムカデ）が入らない。甘茶で墨をすって書くともいう。
79　雨降り柿に日和松。（よく滑る）
80　天の川が口の上（真上）に来たら新米が食える。
81　寒の雨は土用の雨。（寒に雨が降ると、土用にも雨が降る）
82　温かい雨が降るたびに寒くなる。（十月上旬からの雨）
83　家の木が鳴くと雨が降る。「ペチッペチッ」と音がする。
84　家の雨戸が鳴くと雨が降る。
85　星ばったら（星がたくさん出ると）雨が降る。
86　ミズマサ（イワシ雲）が立ったら三日の内に雨。
87　鯉《こい》がはねると雨が降る。（鯉がはねるのは、水の上にいる虫を取って食べているのだという）
88　蛇が木に登ると、明日は雨。
89　小鳥が、夕暮れまでさえずると雨になる。
90　小鳥が巣に早く帰ると晴れる。遅く帰ると雨になる。（鶏でも同じようにいう。鳥屋《とや》に早く入ると天気、遅いと雨という）
91　霜柱が早くめげる（霜折れがする）と雨が降る。（「朝早く日が当たると雨」ともいう）

92 姫新線の汽笛が聞こえたら雨。（約二十五キロ離れている）

93 南の瀬音が聞こえたら雨が降る。

94 木を切る音が聞こえたら雨。

95 出ず（外出しない人）が出ると雨が降る。

96 デズが出たら雨が降る。（デズは、ブユのような小さな昆虫で玉のように群がって飛ぶ）

97 姑の顔と春の雨は、あかく（赤く、明るく）なるほど激しい。

98 雨が降りそうな時、「シラミの皮を千反《せんたん》貼って、天に幕ぅ張って雨が降らないようにしてやる」と言う。

99 卯の刻雨に傘（笠とも）持つな。（卯の刻は午前六時ごろ）

100 寒の雨は土用の雨。（土用の大雨を心配して嫌う）

101 寒の雨は土用雨といって嫌う。（寒に雨が降ると土用にも雨が降る）

102 寒い雨が降るたびに暖かくなる。（三月ごろ）

103 日和《ひより》雨のときは、狐が嫁入りしている。

104 雨降りは暖かい。着物一枚違う。降ったあとは冷える。（十月中旬以降の雨）

105 切り傷には、鮎《あゆ》のウルカ（内臓を塩漬けにしたもの）をガーゼに伸ばして貼ると癒《い》える。

106 鮎のウルカは胃の薬。

107 コモコモ（アリジゴク）を掘ったら雨が降る。「コモコモ出て来い、コモコモ出て来い」と唱えて掘る。子どもの遊び。

108 アロエを生のまま食べると胃の薬になる。

109 傷には、アロエの葉を割って貼る。

110 火傷《やけど》には、アロエの葉を割って、そのまま付ける。

111 火傷には、アロエをつぶして付ける。（アロエは、近年に作られだした）

〔い〕〈一二三項目〉　―イチョウ、犬、稲、亥の子、イボ、囲炉裡、イワシ……

1 彼岸（秋）が来るとイイソ（結麻《ゆいそ》・刈り取った稲などを束ねる縄）をなう。（彼岸前には蚊が多く出るので夜なべ〈夜業〉をしない）

2 乾《いぬい》（北西）の倉は繁盛する。辰巳もよい。

3 辰巳（南東）の家がよい。

4 乾の方角は何を造ってもよい。便所などを造る。

5 艮《うしとら》に不浄なものを造ってはいけない。便所、台所などは造らない。

6　艮は鬼門《きもん》で大事にする。不浄好きなエンズイ（槐《えんじゅ》）の木を植えるとよい。

7　艮にエノミ（榎《えのき》）を植えるとよい。金がたまる。三股榎が一番よい。（「家《うち》の背戸の三股榎、榎《え》の実ならいで金がなる」という歌がある）

8　三隣亡に家を建てるな。

9　未申《ひつじさる》も鬼門で、不浄なものを造ってはいけない。

10　家は、未申に不浄な物を造ると女の病気、丑寅に不浄な物を造ると主人の病気になる。

11　家は、うしろに山があり、前が開《ひら》けて、左側に川があり、右側に道があるというのがよい。

12　家に入ったもの（鳥など）は、取られない。

13　いがみ田に米あり。（田植えをした稲苗の列が、歪《ゆが》んでいると、米の収量が多い。「いがみ田に三合」ともいう）

14　生き物が大きく、古くなると、化けて出て人間を食い殺す。（安藤家には、五十年以上も生きた鯉《こい》がいたが、化けて出たらいけないということで、旭川に放流した）

15　行くな十七日、戻るな二十五日。（どこかに旅などで出かける時は、十七日の出発、二十五日の帰宅はよくないという）

16　屋敷内に池を作られない。

17　石の上に物を植えると、植えた人の尻が痛くなる。

18 石の上に物を植えると、痔《じ》が悪くなる。

19 泉山の岩が黒く見えると雨、白く見えると晴れる。（泉山は鏡野町大町と奥津の境界にある標高一二〇九㍍《メートル》の山。岩は「のぞき岩」といわれ、そこから修験者などは、のぞいて修行する。）

20 朝、イタチが道を横切ったのを見たら、まんが悪い。

21 イタチが前を横切ったら、よくない。「アビラウンケンソワカ」と三回唱えればよい。（アビラウンケンは、胎蔵界大日如来の真言。この真言を唱えると何事も成就するという）

22 イタチの皮などを、カワウソの皮だと嘘を言って売るときには、「このカワウソの皮、うその皮」と言って売る。（以前はカワウソが多く生息していたが、毛皮のため捕獲されて絶滅した。昔話の中にも、カワウソはしばしば登場する）

23 「痛い、痛い」というと、「痛けりゃイタチの糞《くそ》を付け」という。

24 遠出をするとき、イタチが道切りをしたらいけない。

25 イタチは千《せん》の屁をこく。臭い。イタチの肉は臭い。

26 ヘビイチゴを食べると虫下しになる。

27 便所にヘビイチゴを入れると、うじ虫がわかない。

28 イチジクの木には登らない。

29 イチジクは水の見えるところに植える。

30 イチジクを食べると、合口《あいくち》が切れる。

31 イチジクを食べると痔《じ》になる。

32 痔には、イチジクの白い汁を付けると治る。（実際に行ったら、ただれてひどくなったという例もある）

33 イチジクを食べると、口が痛くなる。

34 イチジクの木を「くれんさい」と言って、もらって帰り、挿し木にしても着かない。盗んできたら着く。

35 六道《ろくどう》の一文銭をいただいて財布に入れておくと、お金がたまる。（六道は、葬式のとき、家の近く、または墓地に入る道のそばなどに、六本のろうそくが立てられるようにした板に、杭を取り付けて立てる。ろうそくを立てる釘の根元に一文銭を置いてある。別図のようなもの）

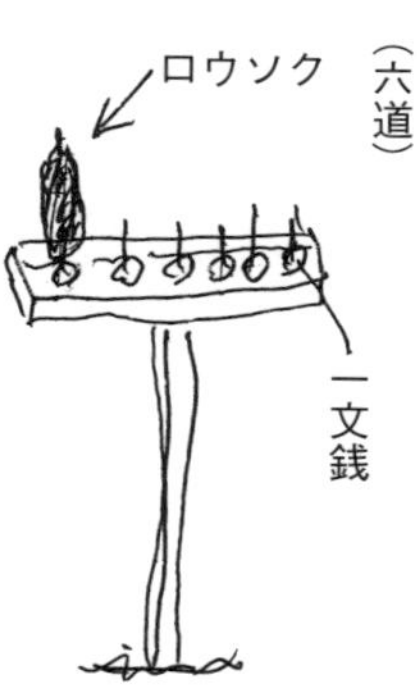


36 イチョウは屋敷に植えるものではない。

37 イチョウは屋敷に植えない。お宮やお寺に植えるもの。

38 イチョウの葉が、いま黄色になるという時、干して煎じて飲むと血圧の薬。

39 イチョウの葉が全部落ちると雪が降る。イチョウの葉がある間は雪が降らない。

40 イツキ（ヤマボウシ）の花がたくさん咲くと、ガシン年（飢饉《ききん》の年）になる。イツキのことを、ガシンボウズともいう。

41 イツキの実が多くなると、ガシン年（不作）になる。

42 イツキは屋敷に植えない。

43 イツキは縁起のよいものではない。魔の果物だ。（年切り＝隔年結果＝する）

44 一日、十五日には、井戸に湯呑み一杯の酒を入れる。

45 井戸掘りをして、底をさらえたら酒で清める。水神様の関係は酒で清める。

46 屋敷内の井戸は方角によってはよくない。子水《ねみず》が方角ではよい。（子水は北方向にある井戸）

47 イナゴを焼いて食べると熱冷ましになる。

48 稲子《いなご》（稲の苗に卵を産んだもの）を焼いて食べると、チリゲ（子どもの頭に血が逆上する病気。カンの虫）に効く。

49 稲穂が一本だけ早く出ると、「三宝《さんぼう》様、ここにござったか」と言って拝む。

50 戌《いぬ》の日に腹帯をすると安産になる。

51 犬がタマネギやネギを食べると、目が薄くなる。目が見えなくなるとも。

52 犬が小便をする時、足を上げるのは、お大師様（弘法大師）からもらった足だから。昔、五徳は四徳といって四本足だった。お大師様が、その一本を取って、三本足だった犬にやった。四徳は一徳増え名が五徳になり、それから三本足になった。

53 犬や牛は人の死を知っている。出棺のとき、犬や牛が鳴くという。

54 犬の遠鳴きは不幸がある。

55 犬は三日飼っても三年恩を忘れない。

56 犬は、毛皮のものを着ていると、かみつく。

57 犬がいるので、背を向けて走って逃げると、追いかけてきて、かみつく。特に猟犬がそうだ。

58 犬に背を見せると追わえてくる。

59 犬は棒では逃げないが、石を投げると逃げる。

60 犬や猫の子など生きたものを川に流すときには、「西大寺参りをせえ」と言って流す。（西大寺（岡山市）は奥津町内を流れる吉井川下流の河口にある町。西大寺には会陽《えよう》〈裸祭り、エイヨウともいう〉で有名な観音院があり、会陽のときには、そこに多くの人々が参拝した）

61 娘が嫁に行くと、犬がせぐ（吠《ほ》える）。はんぼ（飯びつ）ざらえ（さらえ飯）は、娘のものといい、最後の飯をさらえるのは娘。娘が嫁に行くと、それまで娘がしていた、はんぼざらえを犬が食べられなくなるので、それを嫌って犬が吠える。

62　犬と猫は仲が悪い。

63　籾は入り播き。春の土用の入り（四月十六、十七日ごろ）に播く。

64　半夏田《はんげだ》を植えな。半夏田を植えるようなら昼寝をしとれえ。（半夏は七月一日ごろ。「半夏半作」といって、半夏に田植えをすると半作〈収量が半分〉になるという。田植えは六月中に済ませるものという意味）

65　稲の刈り株の芽に穂が出ると、ガシン年（凶作）になる。稲の出来が悪いと、早く熟す。（現在は、田植えが早いのと、品種改良などで、刈り株から穂が出るようになった）

66　土用の入りから五日の天気で稲作が決まる。（五日間の天気が、その後の天気を決める）

67　籾まきも、土用の入りまきがよい。（四月十五、十六日ごろ）

68　田植えのとき、苗は人の足跡に植えない。

69　男苗（背が他の苗より高く大きい苗）は、穂が小さく実入りが少ないので植えない。

70　縞《しま》苗は、白い米から芽が出たもの。植えない。

71　束苗は植えるな。

72　三日苗は植えない。腰が折れている。（三日苗は、苗取りをして三日経ったもの）

73　苗日が来んと苗は取られん。（播種から四十九日目を苗日という）

74　四十九日苗は植えない。

75 一本苗は植えない。

76 畦《あぜ》越しに苗を植えると、年越しに子を産む。

77 亥《い》の子《こ》は、一番亥の子は庄屋、二番亥の子は百姓が祝う。（十一月の亥の日に行われる亥の子祭り。ほとんどの人は、二回目の亥の日に祝う。亥の子は収穫祭の一つ）

78 亥の子の日には畑に入るな。

79 亥の子には大根畑に入らない。亥の子様が大根を数えるので、数え込まれる。美作国の亥の子の本山は、美咲町塚角にある。以前は、亥の子の日に本山の社殿の周囲が大根で埋めつくされた。大根の収穫祭だったのだろう。

80 亥の子に、こたつを出すと火事がいかん。

81 亥の子でないと、こたつを開けられない。

82 イノコズチの根で子どもを下ろした。堕胎して母親が死んだ例もある。イットロベとも呼び、実が衣服にくっつく。

83 猪の毛を財布に入れておくと、お金がたまる。

84 猪は山の神の乗り物である。

85 ぼろ布を稲藁で包み、くよす（燻《くよ》らかす。クヨシという）と、猪が来ない。（図参照）

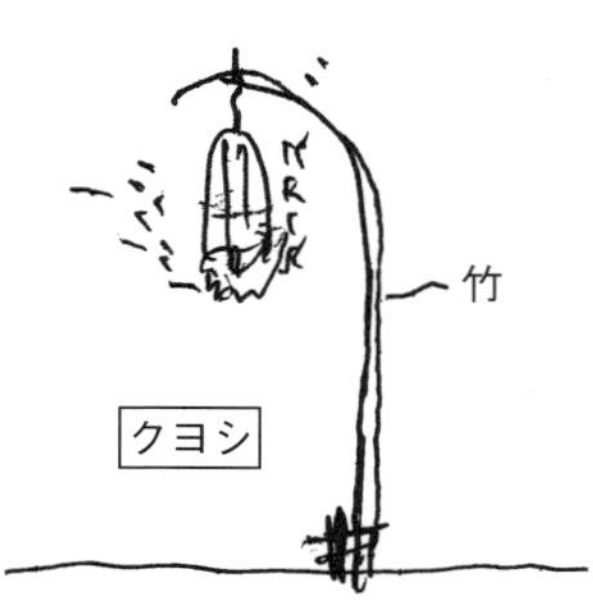

86　猪の脂は、アカギレに効く。火箸でアカギレで皮膚が割れているところに流し込む。
87　ヒュウジ（カラムシ）の根は、猪の好物。
88　肺病（結核）には猪の肉がよい。猪は、以前には、ほとんどいなかった。近年になって急増した。
89　亥年の人は、きつい。向こう見ずだ。
90　グイ（茨）のあるものは屋敷に植えない。
91　イボと榎木《えのき》を、交互に指で押さえ、「イボイボ渡れ、金《かね》の橋ぅ架けるぞ」と唱えると、イボが取れる。（榎木の大木や古木の皮には、イボ状のぶつぶつがあり、イボによく似ている）
92　イボは真綿でくくっておくと取れる。
93　イボにヤイトウ（灸）をすえると取れる。
94　芋種は盗めるが、人種《ひとだね》は盗めん。（人種は証拠が残る。「あの子は、誰々さんによく似ている」という話が、よくあった）
95　イモリは殺してはいけない。
96　イモリを取ると寝小便をする。
97　イモリの黒焼きは、惚《ほ》れ薬。イモリのことをイモライともいう。
98　色白は七難隠す。

99 イロリ（囲炉裡《いろり》）で南天の木は焚かない。

100 イロリで桐の木を燃やすと、ツバメが死ぬ。

101 イロリで暦を焼くと火事がいく。

102 イロリに、ごみを掃き込むと火傷《やけど》をする。

103 イロリやオドクウ様（土公神）を粗末に扱うと、目がつぶれる。（オドクウ様は、かまどやいろりの神であり、牛の神でもある）

104 イロリには、オドクウ様がおられるので、汚いものを入れたらいけない。

105 イロリの中で汚れたものを燃やしてはいけない。

106 イロリに、つばをはくと、三宝様の罰が当たる。

107 イロリに柿の種や梅干しの種を捨てたらバチが当たる。目がつぶれる。

108 イロリにつばをはくと乾きになる。（乾きは、食べても食べても食べ足りない気持ちがする病気。糖尿病だとも）

109 イロリにくべた木の切り口から出る汁を、霜焼け（凍傷）に付けると治る。

110 イロリにくべた木の切り口から出る汁を付けると、アイクチ（唇の端が切れたり、ただれる病気）が治る。

111 イロリにくべた木の切り口から出る汁を、アカギレに付けると治る。

112 イロリの木は、下座から奥に向けてくべる。

113 イロリの木は、エボ（末）からくべる。元からは逆木になるので、くべるものではない。

114 イロリ（ユルイともいう）は、神聖な場所で、きれいにしなければならない。

115 足にグリグリ（リンパ腺がはれる）ができると、怪我《けが》をしているのではないかと、踵《かかと》をイロリの灰のところに置いて、窪みを作る。そこに燠《おき》を入れ、それが消えるまでには治る。

116 大晦日の晩、イワシを焼いて食べると、一つ年を取る。年取りイワシという。

117 節分の夕飯に、イワシを焼いて食べて大年を取る。（大晦日と節分に半分ずつ年を取るともいう）

118 大晦日にイワシの頭を焼いて、家の入り口に刺すのをヤキサシという。魔除け。

119 大年（大晦日）の晩、イワシの頭を焼いて柊《ひいらぎ》の枝に刺し、家の各入り口に刺す。魔除け。イワシの頭を焼くときに「向こうの山の猪《しし》も狸も、悪いことをするものの口は、みなしじっちゃるぞ」「虫の口が焼けますように」「悪いことをするものの口ぅ焼いちゃってつかあさい」などと唱える。（「しじる」は、じりじりと焼くこと）

120 節分には、神様にすえる（供える）ご飯を、いろりで炊いている釜の下で、イワシの頭をしじる。イワシの頭は、笹の軸か豆幹《まめがら》の軸に刺して焼く。その時、「虫の口もしじるし、鳥の口もしじるし、悪いことをするものの口ぁみなしじるぞ」と唱える。しじったイワシの頭は、出入り口のすべてに刺す。便所にもする。魔除けになる。

121 大晦日にも節分と同じようにする。

122 イワシ雲が出たら、二、三日うちに雨になる。

123 隠元豆、とくに白隠元は、七夕に播く。

## 〔う〕 〈一八八項目〉 ―ウグイス、ウサギ、牛、梅……

1 ウグイスは、「ホーホケキョ」と鳴くが、「ケキョ、ケキョ、ケキョ……」と鳴くのは、人が来たから用心せよといって鳴いているのだという。

2 ウグイスが、「ホケキョ」と鳴いているときは安心しているときで、「ケキョケキョケキョ……」と鳴いているときは、危険だというとき。

3 ウグイスの初音を左耳で聞くと凶、右耳で聞くと吉。

4 ウグイスの糞《ふん》を食べる（呑む）と声がよくなる。

5 声をよくするには、ウグイスの糞を呑む。

6 ウグイスの糞で顔を洗うと、きれいになる。

7　ウグイスの糞で顔を洗うと別嬪《べっぴん》になる。
8　妊婦がウサギを食べると耳の長い子ができる。
9　妊婦がウサギを食べると、子どもにウサギの耳ができる。頭に出来たイボで、大きく長いものをウサギの耳という。
10　妊婦がウサギを食べると三つ口（兎唇《としん》）の子が出来る。
11　ウサギは、後戻りをするので、商売人はウサギという言葉を使わない。
12　オドクウ様（土公神）は、牛の神なので大切に祭る。
13　オドクウ様は牛の神様で、焼き物の牛を供える。
14　牛の厩に猿の頭骸骨を祀ると、牛が病気をせず繁盛する。猿厩《さるまや》という。
15　猿厩は牛が病気をせず繁盛する。
16　牛と猿とは仲が良い。家人に申《さる》歳の人がいると、牛が繁盛する。
17　牛と猿は相性がよいので、申歳の人がいると牛が繁盛する。木戸口に立っていてもよい。
18　牛の出産前に、津山の中山神社の猿宮に参り、猿（縫いぐるみ・くくり猿）を借りて来て厩に吊す。安産だったら倍返しする。（中山神社は美作国の一の宮）
19　牛の厩の入り口に、中山神社のお札を貼ると牛を守ってくれる。（お札には「一宮厩寿祭牛馬繁栄」と木版刷りで書かれている）

20 火事のとき、牛が厩から出ないときは、餅搗き杵《きね》を担いで出ると牛が出る。

21 火事のとき、牛が厩から出ないときには、「杵も出るから牛も出よ」と言って追い出した。そのとき、杵を担いで出た。牛は引っ張っても動かない。

22 火事のとき、臼を出さないと牛が出ない。

23 牛が厩に入るのを嫌がるのは、火事の知らせ。

24 牛の産後に里芋の葉を干したもの、ズイキ（葉の軸）をやると後産が早く出る。

25 牛の産後に、味噌、玄米、ズイキのブチ（里芋の茎を干したもの）を食べさせると、肥立《ひだ》ちがよい。

26 牛の産後には、ズイキのブチや葉の干したものを煮て食べさせると肥立ちがよい。

27 小豆を牛に食べさせると流産する。

28 五月の節供に、ショウブで牛の角《つの》飾りをしてやると、病気にならない。

29 五月五日、牛にショウブの鉢巻きをする。牛が健康になる。

30 シロミテ（田植えが終わった時の祝い。サナブリのこと）のとき、残り苗で牛を洗うと、シラミがわかない。

31 七夕に牛を川に連れて行き、石菖で洗ってやると病気にならない。

32 一宮様（津山市一宮、中山《なかやま》神社）に参ると、牛一頭に一つずつ猿宮から布猿を借りて来る。

33　オナメ（牝牛《めす》）が産まれるように祈願する。生まれたらお礼に布猿を倍返しする。
34　牛の後産《あとさん》が出ないときには、ユズの種を呑ませると出る。
牛の後産が下りないときには、ユズの味噌漬けを食べさせると良い。ユズの味噌漬けは毎年作り、切らさないようにしていた。
35　牛の後産が出ないときには、ユズの味噌漬けを食べさせる。種が、のどを越すと、後産が出る。
36　牛には、米や麦を生のままではやらない。必ず煮てやる。
37　牛に米や麦を生のままでは食べさせない。腹下《はらくだ》しをする。必ず煮てやる。
38　牛にやる煮物は、蓋をして煮ない。牛に飲ませる湯を沸かすときも蓋をしない。
39　キンポウゲは毒なので、牛に食べさせない。
40　ソバの茹で汁を牛に飲ませると流産する。冷やすという。（ウドンの茹で汁はよい）
41　食事をして、すぐ寝ると、牛になる。
42　丑《うし》、午《うま》の日は、厩《まや》出し（厩の敷草＝厩肥《まやごえ》を出す）をしない。
43　牛が行方不明になったときには、年神様の片足草鞋《わらじ》を持って捜しに行くと見付かる。（正月に年神様〈正月の神〉には小さな片足草鞋を作って供える）
44　牛の産後、玄米を炊いて味噌で味付けして食べさせると肥立ちがよい。
45　牛の風邪には、キワダを煎じて飲ます。（キワダの和名はキハダ。奥津ではオヘギともいう）

46 牛にアセビを食べさせると中毒する。

47 牛の傷にはカンポコ（カンボクとも）を煎じて付ける。

48 牛にシラミがわいたら、トリカブトを煎じた汁で洗ってやる。

49 牛の皮膚病には、ムラサキケマンの煎じ汁をつける。

50 牛の鼻が乾くときには、牛の病気である。

51 牛の鼻ぐりは社日にする。

52 牛の鼻ぐりを通すのは、申《さる》の日がよい。社日を過ぎると、いつでもよい。

53 牛の鼻ぐりを通したときには、味噌を付けると早く治る。

54 牛の厩肥《まやごえ》出しは、申《さる》の日がよい。

55 牛の厩の肥出しは申の日にする。丑《うし》の日にはしない。

56 牛の食べ過ぎには、梅酢を飲ます。

57 牛の腹にガスがたまったら、梅酢を飲ませるとよい。

58 牛が原因不明で倒れたときには、梅酢を飲ませるとよい。

59 牛のもの食いが悪くなったら、ヨモギを食べさせる。

60 ヨモギは牛の薬。

61 牛の腹痛、下痢には、ワラビ（乾燥して保存しているもの）を煎じて飲ます。

62 牛のもの食いが悪くなったら、キハダ（キワダ、オヘギともいう）を煎じて飲ます。
63 シロミテ（田植えが終わった祝いの日）のとき、残り苗で牛を洗うと、牛シラミがわかない。
64 牛の種付けができないときには、糯米《もちごめ》を食べさせる。
65 産まれた牛が、三日以内に鳴くと早死にする。
66 牛を買うときには角を見て買え。角で年齢が分かる。
67 女が牛を使うと牛が血の涙を流す。女は牛を使わない。
68 牛の厩を改造して住まいにしてはいけない。そこで寝起きしてはいけない。
69 牛の肝は胃薬。
70 牛の角は熱取りになる。
71 牛が座敷に上がると良い事がある。
72 牛が座敷に上がると縁起がよい。
73 牛が座敷に上がると金持ちになる。
74 牛は自分が市で売られることが分かる。牛を市に出すときには、足でふん張って厩から出ない。涙を流す。
75 牛を売るのは申《さる》の日。買うのは丑《うし》の日がよい。
76 牛のことは、丑の日にはしない。

77 元日に女の子が最初にやってくると、牛がオナメ（牝《めす》）を産むのでよい。

78 牛を奥の山に放牧するときには、馬が上向きの日にする。（「馬」という帳面があり、それに「何日は馬が上向き」とか、下向き、横向きなどと記してあった。「馬」という帳面は、今日では所在不明という。）

79 牛が放牧中に、いなくなったときには、若年様（年神様・正月の神）の片足草鞋《わらじ》を持って捜しに行くと見付かる。

80 牛がいなくなったら、漬け物を持って捜しに行く。

81 牛を捜しに行く時には、馬桶《まおけ》に干し菜（大根の葉を干したもの）を煮たり、粉粕《こがす》（麬《ふすま》）をたくさん入れた餌を作って行く。「ご馳走をしてえちゃったけえ、早う戻って来い」と、山で言うと、早く見付かる。

82 放牧の牛がいなくなったときには、オコゼ（干物）を懐《ほところ》に入れて行き、山の入りがけで少し見せ、「牛がおったら、みな見せますから」と言って捜すと見付かる。山の神は、オコゼが好き。

83 牛がいなくなったら観音堂（羽出にある山伏寺）の法印さんに拝んでもらう。

84 牛の仔が死んだら、墓の上に鎌を立てる。

85 牛が死んだら、山に深い穴を掘り埋める。

86 牛や馬などの死体を野に埋めたら、その上に鎌を立てる。野の物が取りに来ない。

87 食後、すぐ横になると牛になる。

88 食後、すぐ寝ると牛になる。

89 牛糞《うしぐそ》を踏むと背が伸びない。

90 牛の糞を踏むと背が低くなる。

91 牛の糞を踏むと走るのが遅くなる。

92 馬糞を踏むと背が高くなる。

93 馬糞を踏むと足が軽くなる。

94 牛の値がよいときには、塩が安い。逆もいう。

95 牛肉を食べるときは、屋外で煮ていた。昭和の初めごろまで。

96 牛肉は食べてはいけないといって、昭和十年ごろまでは食べなかった。

97 生まれる時が天気なら、死ぬときも天気。

98 牛の玉を持っていると、金持ちになる。縁起がよい。牛玉という。（牛玉は、牛の毛が胃の中で玉になる。外観はつるんとしている。軽く、径十センチぐらい。牛がはいて出す。毛玉）

99 丑寅の方角は悪いものが来るので開けられない。壁で塞ぐ。出入り口も造らない。

100 屋敷内で、丑寅の方向は、特にきれいにする。

101 土用の丑の日に、丑湯に入ると夏病みしない。丑湯には、セキショウ（石菖）、ヨモギ（蓬）、ゲンノショウコなど薬草を入れる。

102 丑湯（土用の丑の日の湯）に入ると病気をしない。奥津温泉に入るか、薬草の風呂に入る。（ヨモギ、ゲンノショウコ、オオバコを入れる）

103 空臼《からうす》を搗くな。

104 嘘をつくと尻に松が生える。

105 ウソの鳥が雪を連れて来る。

106 ウソが来ると大雪が来る。（ウソは、雀より小さい鳥で集団で飛んで来る）

107 ウツギの花がたくさん咲くと不作。

108 ウツギの花が田植えの最中。

109 ウドは、角《つの》を採ると親が弱るので、角は採らない。

110 ニホンレンゲには、うどんを食べる。（六月十五日）

111 ニホンレンゲには、田んぼに行かないで。うどんを茹でて食べる。

112 六月十五日はニホンレンゲの日で、田んぼに入られない。

113 土用の丑の日には、「う」の字のつくものを食べると病気をしない。うどん、卯の花など。

114 土用の丑の日に「う」の字のつくものを食べると、夏ばて（夏病み）しない。ウナギ、うどん、梅干しなど。
115 ウドンゲの花が家の中に咲くと、悪いことが起きる。（ウドンゲの花はクサカゲロウの卵）
116 ウナギは精力剤。
117 ウナギを食べると元気になる。強壮剤。
118 土用の丑の日にウナギを食べると夏ばてしない。
119 土用の丑の日にウナギを食べると病気をしない。
120 肺病（結核）には、八つ目ウナギがよい。
121 肺病には、ウナギのぬるぬるを飲むとよい。薬になる。また、ウナギを食べると精がつく。
122 肺病には、ウナギの胆を呑むとよい。
123 鳥目（夜盲症）には、八つ目うなぎがよい。
124 食い合わせ。ウナギと天ぷら。
125 ウナギと梅干しを食べると腹痛。
126 ウバユリ（ヤイ、ヤイモという）を田植え前に掘ると、田植えのとき大風が吹く。田植えが済むまで掘らない。
127 ウバユリは、花が咲かないうちに掘り、根を叩いて澱粉を取り、何回も晒《さら》して片栗粉として食べる。

128 赤子が笑うのは、産《うぶ》の神様が尻の青い斑紋をなでるからだ。

129 赤ちゃんが寝ている時などに泣き顔をするのは、産の神様がつめって（つねって）いるからだ。

130 梅は屋敷内に植えてはいけない。しかし、花梅は植えてもよい。

131 「桃栗三年柿八年、柚子はスイスイ十三年、梅はすゆうて（酸《す》いくて）十五年」という。（果実のなりだすまでの年数）

132 梅は宝。大切なもの。

133 梅の木は天神様の木である。

134 梅干しの種の中は、天神様の目だから食べない。

135 梅の種の中には、天神様がおられるので食べない。

136 梅の種の中には、天神様がおられるので、割ってはいけない。

137 梅の種は、どこかしこに捨てない。

138 梅の花は、天神様には挿すが、仏様には挿さない。

139 梅の花は仏様には立てない。刺《とげ》があるからいけない。

140 梅の花の夢を見ると、よいことがある。紅梅の夢は、なおよい。

141 紅梅の夢はよい。
142 半夏《はんげ》を過ぎたら梅を採る。（近年は、半夏（七月二日ごろ）には梅が熟し過ぎる。温暖化のため）
143 梅は半夏に採る。半夏梅という。
144 半夏梅といって、半夏が来ないと梅を採らない。若い梅には毒がある。
145 生《なま》梅は種の中は毒だから食べるな。
146 梅雨に梅を食べると毒がある。
147 青梅が腐ると、よいことがない。まんが悪い。
148 梅干しを食べると、その日は難を逃れる。
149 家から出かけて行くときには、梅干しを食べる。難を逃れる。
150 山で食事したとき、梅干しの種は、山の上の方に投げ捨てる。もったいないので、下の方には捨てない。
151 土用の丑の日に梅干しを食べると夏病みしない。
152 食滞《しょくたい》（胃のもたれ）には、梅酢を飲むとよい。
153 咳止めには、梅干しの黒焼きを食べる。
154 こめかみ（米噛）に梅干しを貼ると頭痛が治る。

155　熱が出たときには、梅干しをこめかみに貼るとよい。

156　二日酔いには梅干しを食べるとよい。

157　二日酔いには、梅干しをこめかみに貼るとよい。

158　梅干しをへその上に貼っておくと、車や船酔いをしない。

159　乗物酔いを防ぐには、梅干し、唐辛子を、へその上に置いておく。

160　食い合わせ。梅干しとウナギ。

161　梅漬けが腐ると、まんが悪い。

162　梅干しの甕《かめ》にかびが生えると悪いことが起きる。

163　月経中には、梅漬けをしない。シソもみもしない。

164　月経中に梅漬けを作ると、赤くならない。腐る。（生理中には、手から毒が出ているという）

165　梅のエキスは疫痢に効く。

166　腹痛には、梅のエキスを飲む。

167　二日酔いには、梅酢がよい。

168　二日酔いには、梅干しを入れた茶を飲む。

169　酒の飲み過ぎには、梅漬けを湯で薄めて飲むと楽になる。

170　梅の木から落ちたら怪我をして、一生治らない。

171 梅の木に生えた固い茸（サルノコシカケなど）は、ガンに効く。予防にもなる。
172 梅の木の根元に生えたサルノコシカケは、ガンに効く。
173 梅の木に生えたキクラゲ（耳茸という）は中風の薬。
174 梅の木に生える耳茸（「べろべろ」ともいう）は、中風に効く。中風の予防にもなる。
175 狐が憑いたときには、梅のズンバエ（楚《すわえ》）で三回叩くと落ちる。
176 出雲の八重垣神社にあるお玉ヶ池に、お札《ふだ》に五円硬貨を載せて浮かべ、早く沈むと縁がある。浮いていると縁が遠いという占いをした。娘を持つ親はよく参って占った。
177 産湯で漆塗りの椀を洗ってから入らせると、漆やハゼに負けない（かぶれない）ようになる。
178 生まれてすぐの子どもに、漆の器で卵の白身を溶いて顔に塗ると、きめの細かい顔になる。
179 漆の木の下を通るときには、「親に負けても漆にゃ負けぬ」と言って通ると、漆に負けない。
180 雨の日に漆の木の下を通ると負ける。天気の日でも傘をさして通れ。
181 土用の入り焼きに、漆の葉で包んだものを食べると、漆に負けない。（土用の入り焼きは、米の粉団子をミョウガの葉に包んだミョウガ焼きを作る）
182 土用の入りの日に土用焼きをする。漆の葉で焼くと、漆に負けない。
183 漆に負けたら温泉に入ると治る。
184 漆に負けたら栗の皮を煎じた汁を付けると治る。

185 漆負けには、栗の木の皮を煎じたものを、風呂に入れて入浴するとよい。
186 漆負けには、お茶の葉をもんで付けるとよい。
187 漆にかぶれると油を付けると治る。
188 便所（便漕）に漆の木を入れると、ウジ虫がわかない。

〔え〕 ＜一七項目＞ ―榎、エンドウ……

1 疫病退散で門守りに阿弥陀様のお札を貼る。（昔、疫病が流行した時、阿弥陀様を祭った。八月二十二日が供養上げの祭）
2 榎《えのき》とイボを交互に押さえて、「イボイボ渡れ、金《かね》の橋ぅ架けるぞ」と唱えると、イボが落ちる。
3 三股榎には金がなる。
4 家の乾《いぬい》の方角（北西）に三股榎があると繁盛する。（金持ちになる）
5 丑寅に榎を植えると、金がたまる。三股榎がよい。（「うちの背戸の三股榎、榎の実ならいで金《かね》がなる」という歌がある）
6 榎の大木の下には荒神《こうじん》様を祀る。

7　結婚式(披露宴)には、エビを出す。腰が曲がるまで夫婦仲が良いように、一緒にいくように。
8　親のないものは、干しエビを食べられない。
9　恵比須様に供えたご飯を食べると忘れ物をする。
10　恵比須様に供えたものを食べると物忘れするようになる。
11　エンズイは北に植える。(大木になる)
12　エンドウを播くのは、十一月の「か」の字がつく日(二日、三日、四日、五日、六日、七日、八日、九日、十日)にする。
13　エンドウを春播くと高い所にしか花が咲かん。秋に播くと下から花が咲く。
14　エンドウは根が弱いので植え替えはきかん。
15　エンドウの幹《から》に熱湯を掛けて、その汁で洗濯をすると、よく落ちる。(石鹸がなかったころ、こうして洗濯した。こたつ布団などを洗濯した)
16　エンドウ幹を、藁の代わりにカッコ(くよし)に使うと、よくくよる(燻《くゆ》る)。
17　嘘をついたら閻魔《えんま》さんに舌を抜かれる。

〔お〕〈六七項目〉―狼、オバコ、大晦日、お飾り……

1 ホオズキを、夜、鳴らすと狼が来る。

2 夜、家の中で口笛を吹くと狼が来る。

3 送り狼は、六尺褌を引きずっておると、それより近くには来ない。

4 狼は頭の上を跳び越す。

5 小指の爪は抓《っ》まない。狼が来たとき、小指を頭の上に立てておくと、跳び越してきた狼の腹が切れる。

6 小指の爪は長く伸ばすもの。狼に出会ったとき、頭の上に立てると、跳び越してきた狼の腹が切れる。

7 狼は塩が好きなので、夜、塩を持ち歩かない。

8 狼様を祀ると、火難、盗難除けになる。（狼様は津山市里公文の貴布祢神社の境内に祀られている）

9 狼様は年一回、祭りに、小祠を白布に包んで背負って行く。途中で小便をするときには、他の人に小祠を持ってもらう。参拝途中で小祠を下ろすことはできない。

10 狼は塩が好物。狼様には塩を供える。

11　夜、塩を買って来ると、送り狼に遭うので、買いに行かない。送り狼が来たら、足を洗うと、ついて来なくなる。

12　なんでも大きくなったらいけない。

13　肺炎には、ハンザキ（オオサンショウウオ）の生血を飲む。（オオサンショウウオは、現在は特別天然記念物に指定されていて捕獲などできない）

14　下痢止めに、ハンザケ（オオサンショウウオ）の味噌汁を食べる。（オオサンショウウオは、ハンザキ、またはハンザケという）

15　オバコ（オオバコ）を煎じて飲むと、咳薬。のどの薬になる。

16　オバコは干して煎じて飲むと、胃腸薬や解熱に効く。

17　咳止めには、オバコの根を煎じて飲む。

18　オバコを陰干しにして、煎じて飲むと喘息や咳の薬になる。

19　切り傷の血止めには、オバコの葉をもんで付ける。

20　でき物（腫れ物）には、オバコとドクダミをフキの葉に包んで、ユルイ（囲炉裏）にくべて柔らかくなったものを付けると、吸い出しになる（でき物に穴が開いて膿が出る）。

21　オバコの根を煎じて飲むと風邪薬。

22　婦人病には、オバコを煎じて飲むと効く。

23 大年の晩に年越しそばを食べると、借金が切れる。

24 大晦日にイワシの頭を豆幹《まめがら》に刺して、家の各出入り口に刺す。魔除け。

25 大年（大晦日）の晩に夫婦の交わりをするな。交わると田植えに大嵐が吹く。（田植えのとき大嵐が吹いたら、「大年の晩に交わったな」とひやかされる）

26 大晦日の晩、鍋敷き（藁製）を「一年中、まっ黒になって働きました」と言って外に出す。（鍋敷きは、まっ黒になっている。一年中、元気で働いたという意味）

27 大晦日の晩には、年桶の上に、財布の口を開けて供える。正月様が、お金を持ってきてくれる。

28 大晦日の夜は、戸を少し開けて寝る。福が入るように。元日には、雨戸を早く開けない。福が逃げる。

29 大晦日の夜は、履き物を外に出さないで、家の中に入れる。外に出していると鬼が判を押すという。洗濯物も同じ。

30 大晦日の夜は、火を絶やさない。

31 大晦日の夜は、暗い方がよい。

32 大年に早く仕事が仕舞えたら、一年中、仕事が早く仕舞える。

33 大年の晩に遅くまで働くと、年中遅くまで働くようになる。それで早く仕舞う。

34 大年の晩に、ご飯を腹いっぱい食べたら、来年がいい（豊作になる）。

35　腹痛のときは、オオレン（セリバオオレン）を煎じて飲む。熱い湯で振り出してもよい。

36　オオレンジャク（キビタキ）を射つと不幸になる（スズメ科の野鳥）。

37　お飾り（正月飾り）の藁は打ってはいけない。

38　お飾りを作るとき、つばをつけてはいけない。

39　お飾りの先を切ってはいけない。運を摘むことになる。また、結んでもいけない。別の藁で括る。

40　お飾りは男だけで作る。月経の女がいらうと穢れる。

41　おかずは続けて食べない。（おかず・ごはん・おかずというように交互に食べる）

42　菜食い貧乏。（おかずをたくさん食べると貧乏になる）

43　おかず食いは貧乏する。（畑で新ジャガ〈ジャガイモ〉が出来ている頃だと掘って、「昼のおかずに煮て食べよう」と夫婦で話していたら、陰で聞いていたお婆さんが、「昼のおかずは漬けもんじゃ」と言った）

44　糖尿病には、おから（うのはな）がよい。

45　オキナグサ（ケイセンボウボと呼ぶ）は、屋敷に植えない。「ケイセンボウボに火が付いて、隣が三軒丸焼けじゃ」の歌がある。（ケイセンは傾城《けいせい》で、遊女、女郎のこと。ボウボは、女陰）「女郎花」とも呼ばれ、屋敷内に植えない。

46 オキナグサを庭に植えると貧乏する。

47 跡取りの子は奥の間に寝かせない。（死者を湯灌した残り湯を、奥の間の床の下に捨てるから）

48 二月一日の送り正月には、昼、炊き込みご飯を作り、山盛りにする。大根菜《だいこんざい》も山盛りにして供える。「菜《さい》くらべ」という。菜くらべの上に若年様（正月神）が上がって飛んで天に帰る。それで高く盛らなければならない。

49 四個、六個の物を差し上げない。奇数個で持って行く。

50 山の神はオコゼを喜ぶ。

51 牛が行方不明になったとき、オコゼを持って捜しに行くと見付かる。山の入りがけで、ほところ（懐《ふところ》）からオコゼを少し取り出し、「オコゼを持っとります。牛がおったら全部見せます」と言う。

52 おしめ（おむつ）を表で干さない。お天道さんの罰《ばち》が当たる。

53 おしめを高い所に干したら、夜泣きをする。

54 お節《せち》（お節料理）は縁起をいう。黒豆は黒々と健康で働けるように、昆布はよろこぶ、数の子は子だくさん、イワシも子だくさん、田作りは豊作、ブリは出世、蓮根は先の見通しがよい、里芋は丸く暮らせるように——などという。

55　落ち葉の吹き寄せで、表が出ているのが多いと雪が多い。
56　オトギリ草は心臓の薬。陰干しにして煎じて飲む。
57　オドクウ様（土公神）は、血を嫌う。
58　尻拭き（落とし紙）に、習字を書いたものを使うと、尻が切れる。
59　尻拭きに障子紙は使わない。
60　尻拭きにフキの葉を使わない。
61　野糞のときも、尻拭きにフキの葉は使わない。
62　嘘をつくと鬼が舌を抜く。
63　帯を枕にすると長患いする。
64　お札《ふだ》の俵が三俵以上できると火事がいかん。（神社などのお札は焼かないで俵に詰めて、屋根棟に吊り下げて保存する。何俵もある家がある）
65　万年青《おもと》は、縁起がよいものなので、屋敷に植える。
66　朝早く女の人が来ると、その日は客が多い。
67　女心と秋の空。（変わりやすい）

## 2. 柿が豊作の年は稲も豊作―「か」行の俗信―

〔か〕 〈二五四項目〉 ―蚕、柿、影、飾、カラス、カボチャ、雷……

1 蛾《が》の粉（鱗粉）は毒なので、吸い込んではいけない。
2 鼠は蚕を食い、繭をかじるので、飼い始めの前に、鼠退治をする。「ご馳走を食べさせる」と言って、毒団子（ハンミョウ）を食わせる。ハンミョウには毒を持つものもいる。
3 蚕の暖房には松の木がよい。炉で燃やす。桐の木を燃やすと蚕が腐る。
4 蚕室の炉で、桐、南天は焚くな。松の木を焚く。
5 蚕の炉では汚れたものを焚いてはいけない。煮炊き、お茶を沸かすことなどはしない。（乾燥しなければならないから）
6 蚕室の炉は、清らかでないといけないので、魚は焼かない。
7 蚕は、魚の臭いが嫌いなので、蚕の炉で魚を焼いてはいけない。
8 蚕は煙草が嫌い。臭《にお》いも煙もだめ。

9　煙草を吸うと蚕が死ぬ。松の煙はよいが、煙草の煙はいけない。

10　化粧品のにおいは蚕によくない。

11　蚕を飼う部屋では麹《こうじ》を作らない。麹かび病になる。

12　蚕室の炉で味噌麹を作ると、蚕が麹かび病になる。

13　蚕の蛹《さなぎ》を食べると肺病（結核）の薬になる。

14　蚕の蛹は、疳《かん》の虫の薬。食べる。

15　ヒビ（蚕の蛹）を食べると元気になる。

16　蚕の糞《ふん》をお茶にして飲むと中風にならん。

17　蚕の糞は中風の薬。

18　蚕の糞は熱冷ましになる。

19　雨蛙が鳴くと雨が降る。「親が流れる」と鳴く。（昔話「雨蛙不孝」参照）

20　蜂刺されには、柿の渋を付けるとよい。

21　柿はいくら食べても胃にあたらない。

22　柿を食べると血圧が下がる。

23　ソバの花が咲いたら、熟柿があたらん（中毒にならない）。

24　漆にかぶれた時には、柿の渋を付けるとよい。

25 酔いざましには柿を食べる。
26 酔いざめには、熟柿を食べるとよい。
27 二日酔いには、吊《つる》し柿（干し柿）、熟柿がよい。
28 夜、生柿を食べると寝小便をする。あわせ柿や干し柿はよい。
29 食い合わせ。柿とタコ。
30 妊婦が柿を食べると、体が冷えるのでいけない。
31 妊婦、産婦には柿はいけない。冷えるから。産室に吊し柿（干し柿）があってもいけない。
32 産後に柿を食べると冷えるので、よくない。
33 妊婦は柿の木のそばに行ってもいけない。冷えるから。
34 柿の葉を煎じて飲むと血圧が下がる。
35 柿の葉を乾燥させ、炒っておき、それを、お茶にして飲むと血圧を下げる。
36 柿の若葉を陰干しにして、煎じて飲むと高血圧の薬。
37 柿の葉を煎じて飲むと中風にならない。
38 柿の渋を飲むと中風がつかない。
39 中風には、柿の渋を盃に一杯飲む。（渋柿を石臼で搗いて、酒をしぼる袋に入れてしぼると、柿渋ができる）

40　中風には、柿の渋を盃に一杯ずつ毎日飲む。柿は二百十日（九月一日ごろ）から採って渋を採る。（台風で落ちた柿で渋採りをした。よそから渋柿を買いに来た）

41　咳には、柿のへたを煎じて飲む。

42　蜂刺されには、柿の渋を塗る。

43　蜂刺されには、柿渋をすりつける。

44　イボを取るのには、柿の渋を付ける。

45　渋柿を食べると便秘になる。

46　夏が暑いと甘柿になり、寒いと渋が抜けない。（旧奥津町の付近が、甘柿になる境界。気温によって分かれる）

47　柿が豊作の年は稲も豊作。

48　土用に入ったら柿をむいて干し柿を作ってもよい。

49　柿がたくさんなると、よく合わる（甘くなる）。少しなったときには、渋が取れ（抜け）ない。

50　秋の土用までは干し柿はしない。（へたが抜けるという）

51　柿の葉が早く落ちると雪が早い。

52　吊し柿（干し柿）を懐《ふところ》に入れておくと、吹き（吹雪）にあわない。

53　甲子《きのえね》の日に柿を採り、月の数（十二または十三）だけ、正月三日のうちにたべるとよい。

おかねが、よくたまる。（甲子は干支の最初）

54 柿は枝を折ると、よくなる。

55 家が留守になると（住人がいなくなると）柿はならなくなる。柿は木の周りを踏まないと、ならない。

56 柿の木は屋敷に植えるものではない。

57 「雨降り柿に日和《ひより》松」。よく滑るので登られない。

58 柿の木から落ちたら大怪我をして、一生治らない。

59 柿の木から落ちたら死ぬ。

60 女が柿の木に登ると股《また》が裂ける。

61 木守《きまも》りとして柿の一つは残すもの。全部は採らない。木守り、木守り柿という。

62 炉縁縁（囲炉裡の縁の木）は、柿の木がよい。火事にならない。（柿の木は燃えにくい）

63 柿の種は、天神様の目で、囲炉裡で焼かれない。

64 柿の種は、囲炉裡にくべない。

65 柿の葉が三枚ぐらいの時、接ぎ木をする。

66 柿の葉が、ササゲの種の大きさぐらいになると、ササゲを播く。柿豆という。

67 晩に、かくれんぼをすると、鬼が捜す。

68　月夜に、影が映らなかったら、その年に死ぬ。（子どものころ、月が出るのが嫌だった。もし影がなかったらどうしようかと）

69　六月十五日のニホンレンゲの日に、田んぼに行って、水に首（頭部）が映らなかったら、その年に死ぬ。水当てにも行かない。

70　満月のとき、影に首がなかったら寿命が短い。（八月十五日だけでなく、毎月の十五夜）

71　高野山の古井戸をのぞいて、首が映らなかったら、近いうちに死ぬ。

72　苗代に籾種を播いた人が、苗日《なえび》（四十九日目）に苗代に行き、首が映らなかったら死ぬ。苗日には苗代に入られない。

73　満月のとき、影が薄かったら寿命が短い。

74　旅に出たり、戦争に行った者が、腹をすかせないように陰膳《かげぜん》をする。陰膳は、蓋付き茶碗で、蓋を開けたとき、蓋に露がなかったら変事（事故。死など）がある。（陰膳は、毎朝、食事の前に戸棚の中に置く。ご飯、おつゆ、向こう付けの三種。嫁に来て二日目、陰膳をせずに食事をして叱られたという話を聞いた）

75　籠をかぶると背が伸びない。

76　家の中で傘をさすものではない。傘をさして家を出るものではない。

77　瘡《かさ》ができるとオシメ様に参る。

78 お飾りを女がまたいではいけない。
79 八日飾りは作るな。（十二月二十八日に正月飾りを作らない。それ以前に作る）
80 雨垂れ落ちで正月飾りを作るな。（葬式草履を雨垂れ落ちで作る）
81 正月飾りは、一枚むしろでするな。（死者が出たときには、一枚むしろの上で草履を作る）
82 正月飾りは、つばをつけて作らない。
83 正月飾りは、藁を打たないで、生《き》藁《わら》で作る。
84 正月飾りは、ただ米（粳）の藁で作る。糯《もち》藁では作らない。
85 お飾りの先端は切らない。
86 お飾りを、女は作らない。
87 正月飾りは、左縄になうものではない。
88 正月飾りに使うクロシバ（ソヨゴ）に、赤い実が多いと豊作になる。（岡山県北では、松の代わりにソヨゴを用いる）
89 正月飾りには、樫（ウラジロガシ。ウラジロともいう）を付ける。「また貸し貸し」と金を貸すようになるという。
90 羽出西谷地区では、正月に樫《かし》、フクラシ（ソヨゴ）、松を大黒柱、年棚に供える。「年中貸してよい」と。

91 朝火事は繁盛する。夜火事は貧乏する。
92 果樹は、「切っちゃる」というと実がなる。
93 カズラを屋敷内に植えない。いろいろなものを根絶やしにする。（人を脅す時には、「ヨモギを生《は》やいちゃろうか。カズラを生やいちゃろうか」と言う）
94 風が吹けばお客が来る。
95 秋に沖西（西風）が出ると冷える（寒くなる）。土の色が白くなるほど凍みる。
96 風で木の葉が裏を見せると雨が降る。
97 沖北（西風）が吹くと、ものがよく乾く。
98 沖西が吹き出したら、本格的な秋になり、寒くなる。
99 「風邪が憑《つ》く」という。狐や狸が憑くと同じ。
100 家相が悪いと、まんが悪い。法印に方角を見てもらって家を建てる。
101 肩こりは、吸い玉をかけると治る。（肩を剃刀《かみそり》で切り、電球のような形のガラス製のものに、マッチ二、三本をすって入れ、肩に置くと、マッチの火が消え、血が球の半分ぐらい出る。肩こりが治る）
102 デンデンムシ（カタツムリ）が這い出したら雨が降る。
103 デンデンムシに塩を入れて焼いて食べると、寝小便の薬になる。

104 寝小便には、デンデンムシを焼いて食べるとよい。
105 デンデンムシの中に塩を入れて焼いて食べると薬になる。
106 死体の上に刀（刃物）を置く。魔物除け。
107 家畜が死ぬのは、家の者の身代わりになっているのだ。
108 ヒョウビ（豹尾神）の方向から、尾のあるもの（牛、馬、猫、犬、鶏など）をもらうな。
109 辛子粉は怒って溶くと辛くなる。
110 オトヅイタチ（十二月一日）には、カラスが鳴かないうちに、ご飯を食べると、まんがよい。
111 夜ガラスはよくない。
112 カラス鳴きが悪いと人が死ぬ。身内には、その鳴き声が聞こえない。
113 カラスは捕るものではない。捕ると、よいことがない。
114 夜ガラスは、火事の災難がある。
115 屋根棟でカラスが鳴くと火事がいく。
116 カラスが低い声で、ひつこく（しつこく。いつまでも）鳴くと人が死ぬ。
117 「カオー、カオー」とカラスが鳴くと人が死ぬ。「人を買おう、買おう」と鳴いているのだという。
118 カラス鳴きがおかしいと人が死ぬ。身内には聞こえないが、他人には聞こえる。この時のカラス鳴きは朝の鳴き声。

119 カラスは死人のにおいがしたら（危篤のとき）鳴いて騒ぐ。

120 カラスとトンビが喧嘩するのは、羽根の色が黒いカラスが、きれいなトンビに腹を立てて、トンビをいじめに行っているのだ。

121 カラスは性根が悪い。トンビが元気なものをつかまえて食べようとすると、カラスが行って取ろうとする。トンビが餌物を落とすと、それをカラスが横取りする。

122 カラスは、生きて元気なものは、よう取らん。弱ったものを取る。

123 カラスウリは霜焼けの薬。果汁を付ける。カラスウリのことをガルリ・ガルビという。

124 霜焼けには、カラスウリの実を患部にすりつける。

125 ガルビの実は、アカギレ、霜焼けの薬。汁や種の周りのぬるぬるしたものを付ける。

126 カラタチは屋敷内には植えない。トゲがあるから、よくない。

127 カリンの蜂蜜漬けや焼酎漬けは強壮剤。

128 喘息には、カリンの蜂蜜漬け、焼酎漬けがよい。

129 のどの病気には、カリンの蜂蜜漬け、または焼酎漬けを飲む。

130 カリンはのどの薬。焼酎、蜂蜜、砂糖漬けにしたものを飲む。

131 カリンを乾燥しておき、それを煎じて、うがい薬にする。

132 のどの痛みには、カリン酒を飲む。

133 カリンは、のどの薬・咳き止めになる。蜂蜜漬け、エキス（煮汁を煮つめて砂糖を入れる）などにする。

134 婚礼のご馳走には、カレイは付けない。にらんではいけないから。鯛を付ける。

135 親をにらむとカレイになる。（カレイは親をにらんだ罰で背中に目が付いた）

136 「右ガレイ、左ヒラメ」。皿に付けるときの形。（魚は腹を手前にして、ヒラメは頭が左、カレイは頭が右になる）

137 カワニナは腹薬。

138 カワニナは黄疸《おうだん》に効く。

139 火傷には、カワニナを叩きつぶして塗る。

140 寒の入りは、油気で滑って餅気で起きる。（朝は油揚げと豆腐の汁、夜は雑煮を食べる）

141 寒の入りがきたら、日が長くなるのが、あほうでも分かる。

142 寒《かん》がすれば豊作。（冬、寒かったら豊作）

143 寒さがきびしいと、夏が暑い。

144 棺を打つ石を川に拾いに行くときは、必ず二人で行く。一人で行くと、死んだ人が、さばりに来る。

145　センダンの木を棺桶の頭のところに使うと、前行きが（あの世へ行くのが）明るいという。久田あたりまではするが、羽出ではしない。（座棺では、頭の前の部分にセンダンを使う）

146　棺打ち石は、川原でやわらかい石（青い石）でないものを拾って来る。打ったあとは膳に載せて墓に持って行く。

147　棺を打つ石は青石ではいけない。青石は水神様である。

148　元旦に、明き方（東方でもよい）を拝んで、年取り柿（干し柿）を食べると年を取る。

149　元日は拭くのはよいが、掃くのはいけない。拭くは福でよいが、掃くのは掃き出すからいけない。

150　元日に女が死ぬと、その年は大勢の人が死ぬ。

151　甘草（乾燥して保存）は、下痢止めになる。

152　アセモには、カンボク（カンポコ）の皮を煎じ、その汁を風呂に入れて入浴するとよい。

153　寒《かん》の水は万病の薬。はらわたになる。

154　疳《かん》の虫を取る人が、津山市一宮にいた。親指と人差し指の間から虫が出るのを取ったら治る。

155　観音堂（羽出の観音寺）の七月十八日の観音様の祭での護摩の煙が流れて行った方が豊作になる。

156　干ばつは豊年。

157 眼の病気のときは、薬師様や阿弥陀様に、「め」「目」の字を年の数だけ書いたものを納め祈願する。

158 眼の病には、一畑薬師（島根県出雲市）へ参る。奥津から一畑薬師まで裸足参りをする。

159 火傷《やけど》には、羽出の和田家に家伝薬があり、それを付ける。

160 門松は四日の朝に取り除く。昔、お大師様が年頭に来たときに、門松で目を突いたので取り除くという。（近くの家では、昔、ホイトウ〈物乞い〉が来て、門松によりかかって死んでいたので、取り除くという）

161 カナカナが鳴くと日が暮れだす。

162 妊婦が毛ガニを食べると、毛むくじゃらの子ができる。

163 食い合わせ。蟹と柿。

164 十五夜の蟹には身が入っていない。（月夜ともいう）

165 風邪で熱が出たときには、蟹を叩いて出た汁を飲むと治る。

166 沢蟹《さわがに》を叩いて出た汁を飲むと、百日咳に効く。

167 沢蟹を叩いて出た汁を飲むと、熱取りになる。

168 沢蟹を叩いて出た汁を飲むと、熱冷ましになる。

169 出鐘《でがね》（帰り鐘ともいう）を撞くものではない。（寺に参って帰りがけには鐘を撞かない。

娘が出鐘を撞いたら髪に鐘撞きの綱が巻きついたという話がある）

170　冬至にトウナス（南瓜）を食べると風邪を引かない。

171　カボチャを指さすとカボチャが腐る。（カボチャの雌花や若いカボチャにする）

172　カボチャの尻の大きいのは、おいしくなく、小さいのがおいしい。

173　カボチャを食べると血が増える。

174　カボチャを食べると血が騒ぐので、産婦は食べない。

175　産後にカボチャを食べると血が騒ぐ。食べない。

176　産後にカボチャは食べない。血が一度に増えて血が騒ぐ。

177　冬至にカボチャを食べると元気になる。

178　冬至にカボチャを食べると血が増える。冬を乗り越すのによい。

179　カボチャに年を取らせたらいけない。（年を越させてはいけない。冬至までに全部食べる）

180　カボチャが年を越したら蛇になる。

181　カボチャを年越しさせると蛇が出る。

182　カボチャの腐れは食べるものではない。少しでも腐っていたら食べない。

183　カボチャに指さしをすると実が落ちる。指さしをしてはいけない。（他家のカボチャが畑でまだ花を付けていたり、実っていないものに、よく指さしをする。他家のカボチャがよ

く出来ないように)

184 蜂刺されには、カボチャのなり子を切って付ける。

185 蜂刺されには、カボチャの汁を付けるとよい。

186 カボチャの腐れたのを食べると難病になる。

187 カボチャを盗むと難病になる。盗まれたあとに灸《やいと》をすえると、盗んだ人の手が腐る。

188 カボチャの根元に蛇を埋けると、カボチャがよく出来る。

189 鎌を担いだらいけない。

190 土用(夏)に、かまどを築くもんじゃない。

191 妊婦がいるとき、くど(かまど)を作ると、三つ口(兎唇)の子が出来る。

192 ネマコオロギ(カマドウマ)をすりつぶして、ねじ干し大根と一緒に煎じて飲むと、腹膜炎に効く。

193 ヤマボウコウ(キクバヤマボクチ)を採りに行き、滑って骨折した。観音堂で拝んでもらう。「西の方に神様はないか」「大日様がある」「移転せにゃいけんわい」。それで新田に移したら治った。(大日様は牛馬神)

194 雨降りに髪を洗うと、落ちが悪いので洗わない。

195 宮参りのとき、子どもの髪の毛(産毛)を剃る。濃い髪が生える。しかし、全部は剃らないで、トトクイともみあげ（ビン、ビンタ）の両方は残す。トトクイを残すと魚の骨が、のどにかからない。

196 人の髪を焼いたものを田畑の周りに置くと害獣を防ぐ。

197 カミキリ虫は髪を切る。子どものころ、髪を切られるといって、カミキリ虫を恐れて逃げた。

198 梅雨は、雷が鳴ったら明ける。

199 雷は人間が好きで、大木に落ちても、近くに人がいると、人に伝わる。

200 小正月のトンドのとき、餅を焼いた竹は、持ち帰って門先《かどさき》（外庭の端）に立てておく。雷が落ちない。（トンドで餅を焼くのは、竹に餅の入るほどの穴を開け、そこに餅をはさんで焼く）

201 秋雷は天下が騒ぐ。

202 蚊帳の中に入っていると、雷は落ちない。

203 麻の蚊帳を吊って寝ると、雷が落ちない。

204 桑畑には雷が落ちない。

205 雷が鳴ると、へそを取られる。雷はへそが好き。

206 冬雷は天下が騒ぐ。

207 冬の雷を雪起こしといって、大雪が降る。

208 雷は三つの天井をよう抜かん。それで蚊帳の中にいると安全。（屋根、天井、蚊帳）

209 雷が鳴ると、「早う鍬《くわ》を出せ。雷が落ちない」という。

210 雷が鳴ったとき、鍬をカド（外庭）に出すと雷が落ちない。

211 「クワバラ、クワバラ」と唱えると、雷が落ちない。

212 桑の木があると雷が落ちない。刈り桑の束をカドに拡げておくと雷が落ちない。

213 雷で稲妻が多いほど豊作になる。稲の妻だから。

214 雷には、水雷と火雷とある。水雷は家に落ちても、火の玉が家の中を通り抜けるだけで人には影響ない。火事にもならない。火雷が落ちると火事になる。

215 雷が鳴ると、「へそを取られるので着物を着い（着なさい）」と言う。雷はへその佃煮が好きで、そのためにへそを取るという。

216 釜（お釜様）の上に篩《ふるい》を置かない。置くと動じをして縁起がよくない。「動じ」というのは、ゴオーッと音がすること。

217 鼻息をかけて、カメムシをつかまえると嗅くない。カメムシは、ガイダ、ヘコキムシ、ハットウジ、エエニョウボともいう。

218 カメムシは、「ええ女房、ええ女房」と唱えると嗅くない。

219 ガイダを掴むとき、「ええ女房、ええ女房」と唱えると、嗅くない。

220 ガイダは、ものを言いながら掴むと嗅くない。

221 ヘコキムシが家の中にたくさん入ると、大雪が降る。
222 カメムシが多いと雪が多い。大雪が降る。
223 ガイダが家に入ったら、「おとつい（一昨日）来い」と言って外に投げると来なくなる。
224 ガイダが家にたくさん入ると大雪が降る。
225 ガイダが多いと豊年。
226 箸祝い（稲こぎが終わったときの祝い）のご馳走は、茅の箸で食べるとよい。（箸祝いというのは、以前、稲こぎは、二本の細い木を括り、×字状にし、稲穂をはさみ、×字状をせばめて引っ張ると籾が落ちる。×字状の木のことを、こき箸といった。それで箸祝いという）
227 夏祭りの茅《ち》の輪を8の字を描くように三回くぐると頭がよくなる。
228 夏祭りの茅の輪を8の字に三回くぐると、病気にならない。
229 茅の穂が出たらアブが出んようになる。牛を山に出す（放牧する）。
230 出征のとき、ガヤ（榧《かや》）の実を持って行くと、無事戻ってくる。
231 空《から》の餅臼を搗くと鬼が出る。
232 カラスの鳴き真似をすると、アイクチ（合口）が切れる。
233 カラスが鳴いて騒ぐと人が死ぬ。
234 カラスが群れて鳴くときは、弱りかけた動物（人間も）がいるときだ。それが死ぬのを待って鳴いている。カラスは生きた動物は、よう取らない。

235 山崎(羽出)の杉の木でカラスが鳴くと不幸(死者が出る)がある。透き通った鳴き方をする。

236 カラスが寺の方向を向いて鳴くと不幸がある。

237 墓の供え物をカラスがすぐに食べると、仏様のご機嫌がよい。食べないと、仏様が欲をかいているのだ。「欲ぅせずにカラスにやりんさいよ」と言って拝む。

238 山崎の小山の上で、カラスが鳴くと人が死ぬ。

239 クヌギの木にカラスが止まっても見えなくなったら籾を播く。(若葉が出て見えなくなる)

240 墓の枕飯をカラスなどが早く食べたら、欲のない仏様、食べないと欲深い仏様だという。

241 屋根棟に止まってカラスが鳴くと不吉。

242 カラスを、おどしにして吊り下げると、スズメやカラスがやって来ない。

243 カラスを吊るすとカラスが来ない。

244 カラスは黒いものが嫌い。(黒いこうもり傘を吊り下げていた)

245 カラスの悪口を言うと、アイクチが切れる。その時には、「カラスさん、カラスさん、悪口を言いませんから治して下さい」と言って拝む。

246 カラスの鳴き真似をすると、アイクチが切れる。「カラスさんカラスさん、悪口ぅ言やあしまあせんけえ、こらえて下さい」という。

247 カラスは白粉《おしろい》くさいので食べない。
248 カラスを食べると、白粉くさい。
249 カラスの肉は、まっ黒で食べられない。
250 カラスウリ（和名・キカラスウリ）が熟して黄色になった果実を、霜焼け、アカギレに擦り込む。よく効く。
251 カリンの蜂蜜漬けは咳止めの薬。
252 カワラササゲは糖尿病に効く。利尿剤にもなる。
253 寒の雨は土用の雨。
254 寒の水を飲むと水にあたらない。（寒水を保存しておいて、体調が悪いとき飲むと治る）

## 〔き〕　＜一二九項目＞　―木、菊、狐、着物、キュウリ、桐……

1 庭には、モッコク、モクセイ、モクレンの三種を植えるもの。
2 大きくなる木は屋敷に植えない。
3 丑寅を防ぐといって、丑寅の方向（北東）には、大きな木を植え込む。南側には大きい木を植えない。

4 庭木が枯れると、よいことが起こらない。

5 木を植えるときには、一本だけ植えないで二本植える。

6 ツチ（犯土）に入ったら木は切られない。（ツチは暦の庚午から丙子までの七日間を大ツチ、翌々日の戊寅から甲申までの七日間を小ツチという。土を動かしてはならない）

7 木や竹は、ツチには切らない。虫が入る。しかし、その間でもマビには切ってもよい。マビは丑の日である。

8 マビには、木や竹を切ってもよい。マビに切ったら虫が入らない。

9 伐り初め（正月一日または二日）には、木と笹を伐ってきて、木に笹を添えて稲穂のような形にする。豊作祈願。

10 一月九日の山の神には、山で木を切ってはいけない。山に入ったら数え込まれる。

11 山仕事の人は、毎月九日に、山の神を祭り、木を切らない。

12 二股の木は神様の宿木《やどりぎ》である。

13 大木には性《しょう》が入っているので、木を切るときには拝んでもらう。（西谷では、大きな柿の木を切って、家が逼塞《ひっそく》して若衆が死んだ）

14 大きな木には、主がいるので、切るときには拝んでもらう。

15　神社の木を切ったら祟る。穴を開けても傷を付けてもいけない。

16　神社の木を、ぐるぐる回るものではない。

17　墓には絶対に木を植えない。仏様に根がからみつく。

18　お墓の木を燃料にしない。自分の家の墓でないときは燃料にしてもよい。

19　お墓の木は、家には使わない。（家の建築材料にしない）

20　焼けさしの木を切ったり、割ったりしない。そのまま燃やす。

21　生糸で、イボをくくると取れる。（イボには三年イボ、五年イボなど、長く出ているものがある）

22　キキョウの根を煎じて飲むと咳止めになる。

23　腹にがり（腹痛の強いもの）には、白ギキョウの根を煎じて飲む。

24　よその菊を盗んで植えると、よく活き着く。葉っぱだけでも着く。

25　菊の節供（九月九日）に、酒を入れた銚子に野菊を立て、それを飲むと病気をしない。菊酒という。

26　菊の節供に、酒を入れた徳利に嫁菜（野菊）を立てて飲む。菊酒といって薬になる。

27　菊の節供に菊酒を飲むと元気になる。縁起がよい。この日、酒を入れた徳利に野菊を挿して神に供える。

28 菊の花で恋占いなどする。「会える」「会えない」と唱えて、花びらを取り、最後の花びらの言葉が当たる。（「好き」「嫌い」ともいう。子どもが遊びでもする）

29 腎臓にはキササゲの実を煎じて飲む。

30 腎臓病には、キササゲの実を茶にして飲む。

31 「焼野のキギス、夜の鶴」といって、キジは焼けても子を守るという。キギスは雉子《きじ》の古称。

32 キジは卵を温めているときは、焼け死んでも逃げない。

33 結婚式には、キジの吸い物はしない。山鳥の吸い物にする。キジは雄雌《おすめす》が一緒にいないものなので、縁起をいう。

34 ウシシンザイ（ギシギシ）は、水虫の薬。根をすって貼り付ける。

35 ウシシンザイを刻んで便所に入れると、センチ虫がわかない。

36 北枕はいけない。北枕は死んだ人にする。

37 狐が灯をともすときには、狐が嫁入りしているという。たくさんの灯をともし、綱のようになって山麓を動く。

38 狐はうらむ。取るものではない。「狐の皮を貼って衝立をしていたら家が絶えた」「狐を取ったら事故で死んだ」などがある。

39 夜、油揚げを持って歩くと狐に取られる。

40　ご飯をつぐとき、杓子でお櫃の縁を叩くと、狐が来る。狐にだまされる。

41　狐火は遠くに見えても、狐はすぐ近くにいる。

42　狐と犬は仲が悪い。コックリ様のときには、戌《いぬ》年の人は入られない。コックリ様が去《い》なない時には、戌年の人に「ワンワン」と言ってもらうと逃げていく。

43　コックリさんで狐を呼ぶと来る。（コックリさんで、ウイちゃんとタケちゃんには狐がよく憑《つ》いた。タケちゃんに狐が憑いて縄でがんがら巻きに括ったが、すぐ抜けて逃げた）

44　コックリさんをして、狐が帰らなくなったら、油げずし（稲荷ずし）と赤飯を作り、「どこそこへ持って行きますので帰ってください」とお願いすると、狐が帰る。帰ったら約束の場所に持って行く。コックリさんは戦後流行した。

45　夜、茶碗を叩くと狐が寄ってくる。

46　花かんざし（生花）をすると、狐に化かされる。

47　羽出西谷マギシの草刈り山の下で、狐が春先に、横編笠で栗拾いをしていたのを見た。

48　狐が灯をとぼす。青色の灯で、チカチカしない。

49　腐れた木が、一部分でも青くなっていると、狐が灯をとぼした木だといっていた。狐の灯といっていた。

50　夜、カクレンボをすると、狐が捜す。

51 腕や足の毛を剃ると、狐に化かされる。
52 一本箸でご飯を食べると、狐に化かされる。
53 山で弁当の梅干しの種を、山の下に投げ捨てると狐に化かされる。必ず上に投げる。
54 山で、木を手折って箸を作り、弁当を食べたときには、必ず箸を折って捨てる。大勢人がいると思って狐が化かさない。
55 鼻血など血の付いたものを山に捨てると、狐にだまされる。土を掘って埋める。
56 着物を左前に着ると狐に化かされる。
57 夜、おむつや腰巻きを、外に干すと、狐に化かされる。
58 狐にだまされた時は、煙草を吸うと狐が逃げる。
59 狐を飼っている家には、狐用と人間用の二つの杓文字がある。狐が増えると、ご飯を多く食べるという。
60 気が狂ったときには、狐が憑いている。鏡に映すと正体が映る。
61 狐が化けるときには、木の葉を頭に載せる。
62 狐は女に化け、狸は男に化ける。
63 ススキの穂が出たころに、狐が女に化ける。
64 眉にツバをつけると、狐に化かされない。

65　晴れているのに雨が降ると、狐の嫁入りという。このとき、狐が嫁入りしているのだと。
66　キツネノタスキを採ると、狐にだまされる。（キツネノタスキは、キツネノシッポともいう。和名はヒカゲノカズラ）
67　夏、昼の魔が刻《どき》（午後二時ごろ）には、狐に化かされやすい。
68　稲荷様の社のうしろに穴が開いている。これは狐の出入り口で毛が付いている。
69　キツネノタスキを束ねて池に入れると、鯉が卵を産む。
70　夜、口笛を吹くと狐が来る。
71　道が見えなくなるのは、狐が肩に上がって目隠しをするから。最近では自動車のライトを隠すという。
72　伏見稲荷を祀っている家でのこと。一斗の餅を搗いて、上に盆をかぶせていた。行ってみると盆の上に大きな狐が座っていた。餅は大分少なくなっていて、盆の上には足跡がついていた。狐が餅を食べたのだ。それで法印さんに拝んでもらい、伏見稲荷へ狐を連れて行ってもらい返した。
73　杵を担いで戸口を出ると火事になる。
74　癌には、きのこ類のすべてがよい。
75　戦争中、兵隊に行くときには、きび団子を持たせた。「桃太郎」の話のように鬼退治してくれるように。

76 新しい着物は、午後に下ろすものではない。

77 新しい着物は、夜、下ろすものではない。

78 着物の着初めしたときは、病院や葬式には行かない。神参りのときに着初めをする。

79 仕付けを付けたままで着物は着てはいけない。

80 服を着たままでボタンを付けない。どうしても付けなければならないときには、「嫁取り、婿取り忙しや」と言って付ける。

81 衣類を逆さに体に掛けない。死者には裏返しに着せる。

82 着物は北向きには掛けない。

83 着物を大勢で着せてあげない。死者のときにするもの。

84 大晦日の夜に、着物などを外に出しておかない。疫病神が判を押す。着物などは家の内にしまう。

85 長生きした死者の着物を着ると、長生きする。（着物をもらいに来ていた）

86 着物は左前に着ない。死者の着物は左前に着せる。

87 死者の着物は、布を手で引き裂き、糸に結びこぶをしないで、返し針もしないで縫う。

88 新しい着物は、大黒柱に着せてから着る。

89　正月三が日に、最初に男が来ると男、女が来ると女が生まれる。牛も人も同じ。
90　胃病には、キャベツがよい。キャベツは甘藍《かんらん》と言っていた。
91　急須の蓋をしないで、お茶を注がない。
92　牛肉は食べてはいけない。食べるときには別火で煮炊きした。（このことは終戦〈昭和二十年〉ごろまで行った）
93　キュウリの薮がおごる（繁茂する）と良いことがない。
94　六月十四日は祇園様の日で、祇園様に参って、キュウリを供えて拝む。そのキュウリを食べると夏病みしない。流行病にかからない。（祇園様は小椋光利宅にあり、流行病があったとき勧請した）
95　蜂刺されには、キュウリの汁を付ける。
96　火傷には、キュウリの汁がよい。キュウリを切って付ける。はしらない（ピリピリと痛まない）。
97　火傷にキュウリの汁を付けると、疼《うず》くのが止まる。
98　火傷には、キュウリ水を付ける。キュウリ水は、キュウリの茎を切って瓶に茎から出る汁を採ったもの。ヘチマ水を採るやり方と同じ。
99　キュウリを食べると体が冷える。
100　水浴びには、必ずキュウリを持って行く。ゴンゴ（河童）に尻ごを抜かれない。

101 キュウリが苦いときには、なり口の部分を切って、切り口を合わせて擦ると、白い汁が出る。そうすると苦くなくなる。

102 養野の山に霧が山越えしたら夕立が来る。

103 里に霧がこんだら（厚く垂れたら）山が晴れる。

104 里が霧の深い時には、山は晴れ。

105 桐の木の連木《れんぎ》は、芋（山芋）を擂《す》るときに使う。石取りになる。（小さな砂状の石などが混ざったものを取り除く）

106 桐の木は屋敷の内には植えんもんじゃ。

107 女の子が生まれたら桐の木を植える。嫁入りのタンスになる。

108 桐の木を囲炉裡で焚くと、ツバメが腐る。

109 桐の木を焚くと、ツバメが巣をせん。

110 桐だんすは虫が来ん。

111 二つギリ（頭の旋毛・ぎりぎり）があると性根が悪い。

112 左にギリがあると性根が悪い。

113 舌が白くなったときには、胃痛で、キワダ（キハダ）をかむ。キワダの皮は乾燥して保存する。

114 胃が悪いときや熱取りにはキワダをかむ。

115 胃腸病には、キワダの皮を煎じて飲む。

116 キワダの甘皮を牛の解熱剤に使った。皮を水に浸けたものを飲ませる。

117 キワダを煎じた汁は牛の胃薬にする。

118 アイクチが出来たらキワダをかむ。

119 肝臓の病気には、キワダとカキドオシ（シソ科の多年草）を乾燥させておき、それを煎じて飲む。

120 キワラ（素藁）で正月飾りを作るな。必ず槌で叩いてから作る。

121 風邪には、キンカンの煎じ汁を飲む。

122 咳止めには、キンカンを食べる。

123 キンチョウ（植物名）を煎じて飲むと打ち身に効く。青痣《あざ》にならない。

124 ギンナン（銀杏）をたくさん食べると、えらく（しんどく）なるので、あまり食べない。

125 銀杏の三角形のものは、雌木の実である。（イチョウは雌雄異株である）

126 銀杏は冬至に食べるとよい。

127 銀杏に負けたときは（かぶれたときは）蜂蜜を付ける。

128 銀杏をたくさん食べると、でもの（腫れ物）が出る。

129 キンポウゲは毒なので摘まない。

〔く〕〈一一七項目〉―釘、果物、クモ、栗、黒豆、桑……

1 グイのあるもの（ヒイラギなど）は、屋敷に植えない。家の表に刺《とげ》のあるものは植えない。
2 のろい釘は、丑満時《うしみつどき》に白装束で、頭にろうそくを立て、ものを言わずに行く。途中で人に逢ってはいけない。
3 柱に釘を打つと頭が痛くなる。
4 胃痛には、クコ茶がよい。
5 四国（四国八十八ヶ所）に参っているときは、くさい物は食べない。
6 四国に参っているときは、家族の者も、くさい物を食べない。
7 盆の十四日には草を刈らない。仏様の足を切るという。
8 盆の十五日には草を刈らない。仏様の足を切るから（西谷）。
9 毛虫に刺されたら、ムラサキゲンマ（クサノオウ）の汁を付けるとよい。
10 牛の皮膚病に、ムラサキゲンマ（クサノオウ）を付けると治る。
11 イボにクサノオウの汁を付けると治る。
12 櫛《くし》が折れると不吉。
13 櫛を落としたときは吉。苦が落ちるから。

14　他人の櫛や帽子は拾わない。病気になる。

15　うわさをすれば、くしゃみをする。

16　十五夜の月明かりで、十五歳が針に糸を通し、薬袋を縫い、それで薬を煎じて飲ませれば、セイゴイッコ（危篤）のときに治る。自分の娘が縫ったものがよい。

17　八月十五日の名月に、十五歳になった女の子が、月の光で針のミミドを通して、小さな袋（薬袋）を縫う。セイゴイッコの病気（危篤）のとき、その袋に薬草を入れ、煎じて飲ませたら病気が治る。

18　大根葉、ヨモギ、ミカンの皮の干したものを入れた風呂は、子どもの寝小便、霜焼け、あせも、痔、神経痛などによい。

19　初なりは、朝採るもの。夕方は採らない。

20　なり物は、一年おきに豊年になる。

21　初なりの果物を食べると、七十五日長生きする。食べて東に向いて笑うとよい。

22　桃栗三年柿八年、柚子はすいすい十三年。（果物を植えてから、実のなるまでの年数）

23　桃栗三年柿八年、柚子はすいすい十三年、梅はすゆうて十五年。

24　果物の一番なりは神様に供える。

25　朝の果物は金。

26 高い所のものが、ならないと台風が来る。（柿では木の先端にならない場合）

27 牛と人間が交わって出来たのが件《くだん》だ。件の言うことは必ず当たる。（牛と人が交わっているのを見たという話を聞いた）―『民話集三室峡』―岡山県神郷町の採訪記録2―（立石憲利編著　一九九六年刊）収載の話「件の話」に、人と牛が交わる話がある。

28 夜、口笛を吹くと狼が来る。

29 口笛を吹くと蜂が逃げる。

30 出掛けに靴の紐が切れると不吉。

31 八月十五日の月で、影に首（頭部）がなかったら、その年に死ぬ。

32 熊王神《くまおうじ》に向いて出るな。

33 熊笹は、お茶にする。山で熊笹を採って、あぶって薬缶に入れて煮て作った。炭焼きでよく作った。おいしい。

34 熊笹を八月に採取、干して炒り、お茶にする。

35 熊笹に花がたくさん咲くと稲は不作。

36 グイビ（グミ）の葉は、お茶にすると、おいしい。（乾燥して炒ってお茶にする）

37 グイビを食べると便秘する。

38 オトヅイタチ（十二月一日）には、夜グモが娘を取りに来るので、囲炉裡にナスビの幹を焚いておき、それで来たクモを叩く。
39 青グモ（緑色で黒の縞のあるクモ）は毒グモで、煎じて飲ませると飲んだ人が死ぬ。
40 黄色の縞があるクモは毒グモ。
41 朝グモは殺してはいけない。
42 朝グモは縁起がよい。
43 朝グモは福の神で、よいことがある。
44 朝グモは、お金がたまる。ほところ（懐）に入れよ。
45 朝グモが手を握って下りると、物を持って来てくれる。
46 下がりグモは客が来る。
47 朝グモは客が来る。
48 朝グモは鬼に似とっても、懐《ほところ》に入れる。
49 朝グモは、鬼に似とっても縁起がよい。
50 朝グモは懐に入れ、夜のクモは親に似ても殺せ。
51 夜グモは不吉。
52 夜グモは縁起が悪い。
53 夜グモは親に似とっても殺せ。

54 夜グモが手を拡げて下りて来たら「取ろうか、取ろうか」と言って来る。

55 クモが手を拡げて下りてくるときは、「取ろうか、取ろうか」と言って来ているので殺す。手をつまんで来たときは、何かを持って来ているのだから、いいことがあるので殺さない。

56 夜グモが下りると、「一昨日《おとつい》来い」と言って外に投げ出す。

57 クモは毒じゃ。毒虫という。クモの巣にも毒がある。

58 人が毒グモの巣に掛かったら死ぬ。

59 クモが高い所に巣を張ると大風が吹かない。

60 オトヅイタチ（十二月一日）のクモは、娘を取りに来る。ナスビ（茄子）の木で叩いたら死ぬ。この日にはナスビの木を焚く。

61 オトヅイタチにクモが出たら、豆幹《まめがら》で叩けばよい。

62 クモでも、ガイダ（カメムシ）でも、外に出すときには、「一昨日《おととい》来い」と言って出す。

63 子どものころ、土グモの巣を引き抜いて遊んだ。細長い袋のようなもの。（図参照）

64 露グモ（露で濡れて動きのにぶいクモ）を取って魚釣りの餌にする。

65 イボを、クモの糸でくくっておくと取れる。

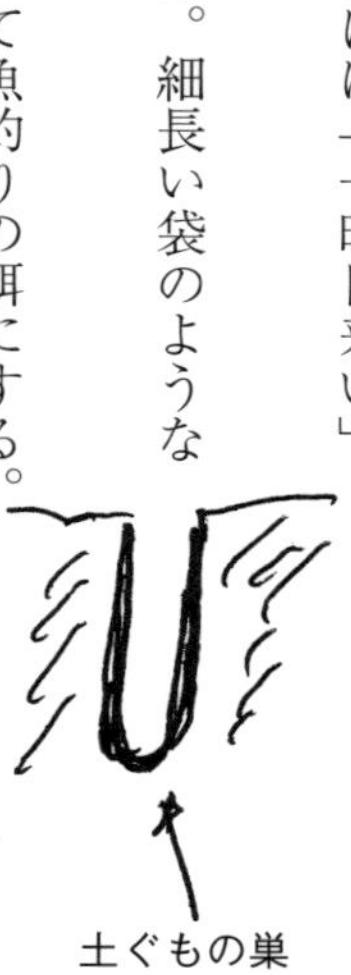

土ぐもの巣

66 蔵は巽《たつみ》・辰巳（東南）、乾《いぬい》・戌亥（西北）がよい。

67 巽の蔵がよい。特に米蔵。

68 乾に衣装蔵がよい。

69 栗は屋敷内には植えない。

70 栗の花が咲いたら田植えをする。

71 栗の花の最中が田植えの最中。

72 生栗《なまぐり》を食べると、できもの（腫れ物）が出る。

73 生栗を食べると怪我がうむ。

74 栗を生で食べると、出物や瘡《かさ》が出る。

75 栗の双子を食べると、双子が生まれる。

76 栗の実で二つあるものは、双子が出来るので、嫁さんには食べさせない。

77 栗の渋皮を歯で取るとき、ツツッと渋を吐き出すと舌が痛くなる。

78 栗の渋を食べると便秘になる。

79 正月の年神様の三方には、栗、黒豆、干し柿、イリボシ、昆布、スルメ、米を供える。栗は、「くりくりしてよい」（健康）という。

80 お寺では、正月に必ず栗を供えるという。「おくり」といって、その年に送り（葬式）が多いようにと。

81 彼岸には、仏様に栗ご飯を供える。

82 栗の木は割木にするな（燃えにくい）。

83 栗の夢は人が死ぬ。よくない。とくに季節はずれの夢は悪い。

84 栗拾いの夢は、よくない。

85 栗の虫を焼いて食べると、のどの薬になる。（おいしい。焼くとぴーんと伸び、かむと甘い味が口中に拡がる）

86 栗の木の虫は咳の薬。焼いて食べる。（柳の木の虫も焼いて食べる）

87 栗虫、柳虫（いずれもカミキリムシの幼虫）を焼いて食べると、風邪によるのどの痛みの薬になる。

88 栗の虫、柳の虫を食べると、チリゲ（かんの虫）の薬になる。焼いて食べる。

89 ちり紙に「車」の字を書いて尻の下に敷いておくと、車酔いしない。

90 漆にかぶれたら、栗の甘皮を煎じて付けるとよい。

91 漆にかぶれたら、栗の皮を煎じて付ければよい。

92 クレソンを食べると痛風に効く。

93 四つ葉のクローバーを持っていると幸せになる。

94 四つ葉のクローバーを見付けたら、ええ嫁さん（婿さん）をもらう。

95 咳止めには、黒豆の煮汁を飲む。

96 宮参りには、赤飯を炊いて、重箱に入れて親類や近所に配る。そのときの重箱の返しには、黒豆を一握り半紙に包んで入れる。「黒うなって、まめでよい子になるように」と。

97 のどの薬。黒豆の煎じた汁が効く。

98 正月のお飾りに、黒豆の枝（豆の入ったもの）を付ける。

99 正月三が日は、黒豆の幹《から》で火を焚きつける。まめな（健康な）ようにと。

100 風邪気の時には、黒豆の煮汁を飲めばよい。

101 のどが痛いときには、黒豆の煮汁を飲むとよい。

102 風邪には黒豆の煮汁が効く。

103 正月の煮物には豆だけを炊くな。黒豆に昆布、茸（革茸《こうたけ》）の干したものを入れて炊く。普段は黒豆だけを炊く。

104 元旦には、黒豆の幹に火を吹き付けてから火を焚く。吹くがよい（福がよい）という。

105 クロモジを煎じて飲むと胃潰瘍の薬になる。

106 漆にまけたら、クロモンズ（クロモジ）の皮を煎じて付けると治る。

107 クロモジを煎じて飲むと傷薬になる。

108 クロモジの煎じ汁を付けると、ヒョウソウ（瘭疽《ひょうそ》）に効く。

109 クロモンズイ（クロモジ）を煎じて飲むと胃潰瘍《かいよう》、胃腸病に効く。クロモンズイは、皮をむき、刻んで乾燥しておく。

110 切り傷は、クロモンズイの煎じ汁で洗うと効く。

111 桑の木に生えた茸を食べると中風にならない。

112 桑の葉を煎じて飲むと中風にならない。

113 桑の木の根元には、不浄の物（膿《うみ》、毛髪など）を埋める。

114 桑の木は不浄の木なので、病蚕を根元に埋める。

115 桑の木は、囲炉裡で焚かない。ご飯も炊かない。

116 桑の木で箸を作らない。

117 鍬をカド（外庭）に置くと雷が落ちない。

〔け〕 ＜一九項目＞ ―ゲジ、月経、月蝕、ゲンノショウコ……

1 ゲジ（ムカデに似た節足動物、ゲジゲジともいう）が出だしたら雨が降る。

2　ゲジが頭を這うと、はげになる。

3　ゲジが這ったものを食べたら毒になる。

4　下駄の鼻緒が切れると不吉。

5　夜、獣が鳴くと、よいことがない。

6　月経のときは、神様の前に行かれない。神棚のある奥の間には入られない。

7　月経のときには、二階に上がらない。一階に神棚のお札があるから、お叱りを受ける。

8　月経や忌の時には、鳥居の中をくぐらない。

9　月経の時、神社に詣るときには、不浄除けのお札を持って、鳥居をくぐらず、鳥居のへりを通って行けばよい。

10　観音堂で不浄除けのお札をいただき、それを持っていると、月経の時でも、どこにでも行ける。（小豆島八十八ヶ所巡りの時に、不浄除けのお札を持って参った。月経になってもよいように）。

11　月経の時は、移し御器《ごき》をする。月経のない者の器に食べ物をよそい、それを月経の者の器に移す。

12　月経のとき味噌を搗くと味噌が腐る。

13　月蝕は、月が涙を流している。その涙がかかると病気になるから外に出ない。

14　月蝕のとき外に出ると病気になる。
15　毛虫（イラ）に刺されたら、ムラサキケマンの汁を付ける。
16　ゲンノショウコは、土用の丑の日に採るとよく効く。
17　ゲンノショウコは胃腸の薬。下痢止めにも。
18　胃腸病には、ゲンノショウコを煎じて飲む。
19　おなかが痛いときには、ゲンノショウコを煎じて飲む。

〔二〕　＜一一三項目＞　—鯉、庚申、コブシ、ゴボウ、米、昆布……

1　池の鯉がはねると雨。
2　鯉の味噌汁を食べると、産後の回復が早い。
3　鯉の味噌汁（こいこく）は乳がよく出る。
4　産後に鯉の味噌汁を食べると乳がよく出る。
5　鯉の生き血を飲めば乳がよく出る。
6　鯉の生き血を産後に飲むと元気になる。

7　熱取りには、鯉の生き血を飲む。
8　鯉の生き血は貧血に効く。
9　肺炎には緋鯉《ひごい》の生き血がよい。
10　肺炎には鯉の生き血がよい。
11　肺病（結核）には緋鯉の生き血を吸う。
12　鯉の生き血は心臓病によい。
13　鯉の生き血は死に病《やまい》にも効く。
14　鯉の黒焼きは難病に効く。
15　緋鯉は食べるものではない。
16　鯉の滝上ぼりといって縁起がよい。
17　鯉の夢はよい。歓び事がある。
18　鯉が病気になったら（弱ったら）塩を付けて擦ってやるとよい。
19　コウカイ（合歓・ネムノキ）の木の皮や枝を煎じて、それで頭を洗う。（石鹸がなかったころに用いた）
20　コウカイの葉を煎じて頭を洗う。シラメの薬にしたのだ。
21　コウカイの花が咲いたら小豆を播く。

22 コウカイ茶は利尿剤。カワラケツメイの実がなったころ抜いて干し、煎って茶にする。

23 庚申様は赤いものが好き。ぼたもちを供える。

24 庚申様には、ぼたもちを供えて早く寝る。

25 庚申様と若年様は仲が悪い。

26 庚申様と若年様が喧嘩をして、庚申様が若年様の足を切った。それから、この二神は一つの所（同じ部屋）に祀られない。

27 庚申様の日には、コウシン花が必ず咲く。コウシン花が咲くと、「庚申様が来るぞ」といった。（コウシン花は、小さな花を付けるバラの一種。年中咲く）

28 血圧の高い人には、コウボウ茶がよい。

29 氷餅は六月一日に食べる。

30 五月四日の朝、ヨモギ、ショウブ、カヤを束ねて屋根に投げ上げる。魔除け。

31 五月四日の夜、風呂にショウブを入れたショウブ湯に入ると病気にならない。

32 五月四日の夜、布団の下にショウブを敷いて寝ると、ノミの腰を折る。かまれない。

33 五月の夕焼けは、蓑笠を持て。（雨が降る）

34 コケラと姑《しゅうとめ》は立てにゃ燃えん。（栗の木を切ったときのコケラ〈切りくず〉やコワ〈屋根をふくために栗などの木を薄く割ったもの〉の残りを焚いた。薄い板状のものなので、重

ねては燃えにくい。立てて燃やす）

35 お腰（腰巻き）や褌を日当たりには干さない。お天道さんの罰《ばち》が当たる。

36 間男をしていない女の腰巻きを振ると、火事が収まる。山火事のときでも、そうする。（火事のとき、女の人に腰巻きを貸してくれと言ったが、みんな「私の腰巻きでは、役に立たない」と言ったという話もある）

37 亥の子が来ないと、こたつは出されん。出すと火事がいく。（亥の子は十一月の第二亥の日に行われる）

38 亥の子に、こたつを出すと火事がいかない。

39 午の日には、こたつを出さない。火が早い。

40 コックリさんには、戌《いぬ》年の人は入られない。戌年の人は、狐に化かされないから。

41 小手《こで》（手首の関節痛）が出たときには、障子の破れから手を出して、男の子（乙子《おとご》、男の末っ子）に糸で結んでもらうと治る。（男の場合は女の子）

42 子どもが、エビのように反ると、「そろう様が来た」と言った。

43 もらい子をすると、子が出来る。せらい子という。せらうは、嫉妬すること。

44 子どもが生まれたとき、耳たぶに米が三粒載れば、その子は長者になる。

45 夜、泣くと、「子取ろう、子取ろ」の、おっつぁん（おじさん）が来る。

46 脚気には、小糠（米の糠）団子がよい。

47 小糠三合あれば養子（婿）に行くな。

48 山などに弁当持ちで行ったとき、弁当の上に、木の葉や石ころを載せておくと、蟻《あり》が来ない。木の葉三枚、または石ころ三個。

49 ご飯を粗末にすると目がつぶれる。

50 こぼれたご飯を拾って食べないと目がつぶれる。

51 コブシの花がたくさん咲くと豊作。（コブシはタムシバも含めての称）

52 コブシの花が多いと豊年。

53 大釣のコブシの花が多いと豊作。（旧奥津町の大釣にはコブシが多く、県道からも、よく見える）

54 コブシがたくさん咲くと不作。咲かないと豊作。

55 コブシのつぼみの先が北に向くので、山では、それで方角を決める。

56 コブラアガリは、足の親指をそらすと治る。

57 ゴボウは、あちこちに植えたらいけない。一か所に植えるもの。

58 ゴボウは二か所に播くものではない。

59 ゴボウを播いたら松葉を掛けておく。股ゴボウにならない。

60　播いたゴボウが生えなかったら、その年に死ぬ。
61　ゴボウの種を呑むとヨウ（腫瘍）が消える。
62　柿の葉が出たらゴボウを播け。
63　柿の葉が三枚ぐらいの時、ゴボウの種を播く。
64　柿の芽が三つに割れたらゴボウを播く。
65　三月ゴボウを播き、四月ゴボウは播かない。四月ゴボウは死にゴボウ（葬式用）になる。
66　丑の日にゴボウを播くと中まで黒くなる。（牛が黒毛だから）
67　底に肥を打ち込むと、二股ゴボウが出来る。追肥で作る。
68　ゴボウに馬糞を入れると、よく出来る。ゴボウは、馬がヒンヒン鳴いてもよい。
69　馬がヒンヒンと鳴いただけでも、ゴボウがよく出来る。ゴボウは馬が好き。馬糞を入れるとゴボウがよく出来る。
70　ゴボウの連作はマタレ（股ゴボウ）になる。
71　ゴボウの味噌漬けをすると七代貧乏する。（おいしい）
72　ゴボウの味噌漬けを食べると七代貧乏する。
73　ゴボウを焼いて食べると七代貧乏する。（熱灰の中にゴボウを入れて焼く。おいしい）
74　ゴボウを食べると精がつく。

75 ゴマは、三ツボ（三粒）はしったら（はじけたら）炒れている。
76 ゴマを播いたあとから、鎌を持って行け。（稔りが早い）
77 ゴマを長着で播くと、下から実が付く。尻からげ（または、モンペ）で播くと、高いところしか実が付かん。
78 昔は、虫除けの護摩を各部落で焚き、お札を家の守りに家の入り口に貼った。
79 寒晒しの米は、虫が来ない。
80 米を磨ぐときには、「の」の字を描くように磨ぐ。左回りに磨いではいけない。
81 米を洗う（研ぐ）とき、「の」の字に洗え。逆「の」の字はいけない。
82 生米を食べる人は、腹に虫がいる。
83 生米や線香鉢の灰、炭を食う人は腹に虫がいる。
84 空鍋に米を入れると、空子《からこ》（破水）が生まれる。（ご飯を炊くときには、水を先に入れるもの）
85 ご飯をこぼすと、三宝様《さんぼう》の罰《ばち》が当たって目がつぶれる。
86 米を粗末にすると罰が当たる。（俵をよく振るわなかったりすると言われた。米が俵にくっついたりしているから）
87 米粒を踏んだら目がつぶれる。罰《ばち》が当たる。

88 米粒を縦に食べると背が高くなる。横に食べると太る。
89 タラ、ニシンを水にもどすときには、米の磨ぎ汁に浸す。
90 米の磨ぎ汁は、油物の油抜きに使う。
91 カズノコの塩抜きや、干しカズノコの戻しは、米の磨ぎ汁に浸す。
92 米糠を里芋やサツマイモに施すと、よく出来る。
93 米糠で顔を洗うと別嬪《べっぴん》になる。
94 脚気には七分搗き米を食べる。
95 糠は脚気の薬。米糠を煎って食べる。
96 打ち身には、うどん粉と酢、卵白を練って付ける。酒も入れる。
97 コモコモ（アリジゴク）を掘ると雨が降る。
98 コモコモを握ったら雨になる。「コモコモ出え出え」と言って掘る。
99 コモコモの穴を塞ぐと雨が降る。
100 暦を焼くと火事がいく。
101 暦は高い所に掛けるものではない。台所の高い所（米櫃を見下ろす所）に掛けるとご飯が減る。
102 暦をまたぐとマムシにかまれる。

103 ゴンゴが尻ごを抜くという。どんなものか姿は知らない。(ゴンゴは河童のことだという。姿は地方で異なる)
104 川の水が渦巻いているのをゴンゴという。そこに行くと吸い込まれる。
105 コンニャクを盗むと難病になる。
106 コンニャクや里芋で、手がかゆくなったら、塩で洗うと治る。
107 コンニャクは砂下ろしだという。食べると盲腸(虫垂炎)にならない。
108 昆布を食べると髪が黒くなる。
109 昆布を食べると血圧が下がる。
110 昆布を食べると中風にならない。
111 髪の薄い人は、昆布を食べると、髪の色が濃くなり、毛が増える。
112 昆布は縁起のもので、歓びのときに用いる。(結納=昆布の大束を持って行く。結婚式では巻きスルメと結び昆布が出る。箸をもって三回で寄せ、紙に包んで懐に入れて持ち帰る。正月の年神の三方には、昆布、スルメ、吊し柿(干し柿)、新米、イリボシ、黒豆を入れる。正月のお節料理には昆布の煮たものが入っている)
113 昆布とたけのこを一緒に煮ると、昆布が軟らかくなる。

## 3. 笹の花が咲いたらガシン（飢饉）―「さ」行の俗信―

〔さ〕　〈九二項目〉　―桜、魚、里芋、産、山椒……

1 菜《さい》食い貧乏といって、おかずを多く食べる者は貧乏する。
2 サイジンコ（イタドリ）の葉を乾燥させて刻み、葉たばこの代用にした。（第二次大戦中）
3 幸茸《さいわいだけ》を玄関に打ちつけておくと、幸せになる。
4 榊《さかき》は神様の木で、屋敷に植える。
5 桜は屋敷内には植えない。
6 家に逆木を使うと、その木が泣く。
7 逆木を畑のつる物（キュウリなど）の杭（支柱）にしたら血が下がる。
8 鱗《うろこ》のある魚の夢はよい。鱗のない魚の夢は悪い。
9 鱗のある魚の夢はよい。歓び事がある。
10 海のものは身から、川のものは皮から焼け。

11 お大師様の日（毎月二十一日）には、魚を食べてはいけない。

12 盆には魚を取るな。（友人が盆に子供を連れて境港《さかいみなと》〈鳥取県〉に釣りに行くと言ったら、兄嫁に叱られたという）

13 妊婦には、青い魚は、きつすぎるので食べさせない。

14 病人には、青い魚はきつすぎるので、食べさせない。

15 兵隊に行っている者が、捕らわれの身になってはいけないといって、魚を取らなかった。（戦争中の話）

16 喉に魚の骨が刺さったときには、ニラの汁を飲めばよい。ニラに骨が刺さって抜ける。

17 喉に魚の骨が刺さったときには、ご飯を大口に含んでかみ、呑み込むと取れる。サツマイモでもよい。

18 川の魚が跳び上がると、三日のうちに雨が降る。

19 女が釣り竿を跨ぐと魚が釣れない。

20 小豆島（香川県）に参っている時には、精進しなければならない。出しにイリボシを入れてもいけない。「何を食べてもよい」と言って出られたときには食べてもよい。（小豆島の八十八ヶ所霊場参拝者は、岡山県からも多い）

21 昭和三十年ごろの秋、お婆さんが小豆島に参ったとき、米出し（米の出荷）のあと、農協のお客がやって来て、鯉を池から上げて食べた。大きい婆さんが食べたあとを見て、「小豆島に参っているのに、鯉を食うたりして何ということなら」と言う。隣のYさんが「どえらいこと（大変なこと）が起こった。夕べ鯉を食べたのが、祟《たた》った」と言って来る。小豆島に一緒に参っていたYさんの父親が、腹が痛くなった。腸チフスだということで迎えに行ったのだ。

22 魚が死にかけたときには、魚の尻尾を持って、「生き生きトンボ、前の川へゆるすぞ」と唱えて、水の中で前後に動かすと元気になる。

23 魚の目玉を食べると、魚《うお》の目が出来る。

24 子どもの門出には、頭《かしら》になれと言って膳に頭付きの魚を付ける。

25 上斎原《かみさいばら》村（現鏡野町上斎原）の籠池《こもりいけ》には、片目の魚がいる。

26 逆水《さかみず》（水を入れてから、あとで湯を入れる）はしない。湯を先に入れてから水を入れるものだ。死者の湯灌《ゆかん》をするときには逆水にする。

27 二度目の桜（狂い咲き）が咲くと、よいことがない。

28 桜切る馬鹿、梅切らぬ馬鹿。

29 ザクロは植木にはしない。（鬼子母神《きしぼじん》が子どもを食うて仕方がない。ザクロが子どもと同じ味なので、ザクロを植えるから子を食うなといって、食わせなかった。鬼子母神を祀っ

ている家ではザクロを植える）

30 下痢止めには、ザクロの皮を煎じて飲む。

31 一杯酒はいけない。「亭主三杯、客一杯」といって、亭主が先に飲まないと、客は飲まれない。

32 熊笹は、お茶にする。万病の薬で健康になる。

33 笹の花が咲いたらガシン（飢饉《ききん》）。

34 笹の花が咲くと、笹が絶える。六十年に一回咲くという。

35 味噌の蓋に笹を置くと、カビが生えない。

36 盆の七日から十三日までに死んだら、山椒叺《さんしょかすぎ》を負うという。新仏には、オイコササゲ（長いササゲ）に山椒の実を供える。

37 サツマイモは便秘に効く。

38 サツマイモを食べると便秘が治る。

39 子どもが異物を呑み込んだときには、サツマイモを食べさせる。よい具合に包み込んで異物が出る。

40 虫刺されには、サツマイモの汁を付けると治る。

41 七夕に里芋の葉の露を取って、墨をすり、短冊に字を書くと字が上達する。

42 里芋の葉は、盆に仏様を迎えるときの供え物を置くのに用いる。

43　ズイキイモ（里芋）やコンニャクに花が咲くと、まんが悪い。観音堂（山伏寺）に米一升持って行って拝んでもらい魔除けをしてもらう。

44　産後に、米の粉団子、ズイキブチ（里芋の茎を干したもの）を入れた味噌汁を食べると乳がよく出る。

45　里芋の茎の皮だけむいて、サオを取らないで乾燥したズイキはえぐくなる。（下図。）

46　ただ米（粳《うるち》）に里芋を入れて炊き、搗いたら、モチ米と同じようなぼた餅ができる。

47　里芋、サツマイモの栽培で、米糠を施すと、甘くておいしいものが出来る。

48　味付けは、先に砂糖を入れる。先に塩を入れると砂糖が効かない。

49　血の道には、サフランを煎じて飲む。

50　白湯《さゆ》を飲んだら、よい声が出る。

51　白湯を飲むと声がよく出る。よい茶（濃い茶）を飲むと声が出ない。

52　皿でお茶を飲むと皿が割れる。特に、娘は飲まれない。「さらわれる（攫われる）」という。

53　婚礼の時には、「サル」という言葉は使わない。「去る」に通じる。

54　何事でも申《さる》の男を嫌う。

55　猿の頭蓋骨を厩《まや》（カデヤ）に祀ると（猿厩という）、牛が繁昌する。

56　腹痛には、猿の胆を飲む。

57　美作国一宮である中山神社（津山市）の奥宮・猿の宮に供えてある赤い布の縫い猿を借りて帰り、厩の木戸口に掛けておくと、よい牛の仔が出来る。仔が出来たら倍返しする。白い猿を借りて帰ると、斑《まだら》の仔が出来る。（七月一日、二日ごろの田上がり〈田植えが終わって集落で休む〉に地区で総参りした。その時に、縫い猿を借りて帰ったりした）

58　一宮（中山神社）の使いしめ（使者）が猿なので、猿を殺したり追ったりしてはいけない。牛を飼っている家では、特にそうした。

59　猿を取ってはいけない。

60　炭焼きに行くとき、「サル」という言葉を使ってはいけない。

61　申《さる》と酉《とり》の年は不作。

62　朝、「サル」という言葉を使ってはいけない。

63　ざる（笊）を、かつぐ（かぶる）と背が伸びない。

64　サルスベリ（百日紅）は、お寺やお墓の木。

65　サルスベリは、お寺やお墓に植える木で、家には植えるものではない。（京都・西本願寺にサルスベリの木があり、なでると猿が喜んで木がゆれるといわれたので、なでたことが

ある）

66 サルスベリ（夏ツバキ）を杵にすると、餅がくっつかない。

67 申《さる》の年に、子どもが親に赤い腹巻きを贈る。中風がつかない。腹巻き、パンツ、褌も贈る。

68 サルトリイバラ（サンキライともいう）の赤い実は、霜焼けの薬になる。

69 サルノコシカケを煎じて飲むと癌に効く。

70 サルノコシカケを、玄関、神棚、庚申様に供えておくと、よいことがある。

71 庚申様は猿の神で、サルノコシカケを供える。

72 肺炎には、サワガニを叩いて出た汁を飲む。

73 サワガニを叩いて出た汁を飲むと風邪の薬。

74 妊娠すると観音堂に行って拝んでもらうと、安産する。腹帯も拝んでもらう。

75 妊娠したとき、親へイシ（丙子）、子へイシのときには、観音堂で拝んでもらい難を逃れる。子へイシは子に、親へイシは親に難があるという。

76 観音堂でいただいたお札を天井に貼っておくと安産する。

77 妊婦と猫の妊んだものが、一緒にいたらいけない。

78 お産のときに妊婦は行かない。行くと同じときに生まれる。

79 サカイ毛（トトクイといって残す。頭のうしろの生え際の毛）が、W状に二つに分かれた

80 子が生まれたら、次の子は女の子、V状だったら、次は男の子が生まれる。
81 おしめを替えるとき、子どもの股《もも》の付け根に、二本の筋（くくり）があったら、次は女の子、一本だけだと男の子が生まれる。
82 妊婦の腹が前に出ていたら男の子、横に張っていたら女の子が生まれる。
83 妊婦のおなかが、とび出していたら男の子、丸かったら女の子が生まれる。
84 妊婦がよく働き、よく動くと安産になる。
85 お産のごみが、囲炉裡に入ると、子どもが火傷をする。掃除のとき納戸から座敷（いろりの間）に掃かないで、直接外に掃き出す。
86 産室には、猫など四つ足の動物を入れたらいけない。後産を跨いだり、ねぶったりしたらいけない。
87 男の子ばかり生まれるのは、女が強い。女の子ばかり生まれるのは、女がやさしい。
88 女の精力が強いと女の子、男の精力が強いと男の子が生まれる。
89 山椒は屋敷内に植えない。貧乏する。
90 山椒の実を煎じて飲むと虫下しになる。
91 山椒を入れると、フグがあたらない。
六日（各月）は、山上様《さんじょう》で、その日に女が外に出ると、泉山（標高一二〇九メートル）に吹き上げられる。

92　山上様には、女は参られない。

〔し〕＜一二五項目＞―死、塩、シキミ、シジミ、霜、ショウブ、小便……

1　人の死はムシが知らせる。

（お婆さんが死ぬ一週間ほど前に「出て見てくれ、お婆さん（母親）が玄関に来とる」と言う。「来ていない」「そこに来とった。どこへ行ったかな」「分かり家（分家）にでも行ったのでは……」「分かり家に行くはずがないし、おかしい」。それから一週間後に亡くなった。母親が迎えに来たのだ。

2　死んだとき夢見せをする。その人の夢を見たら死んだという連絡がある――こんなことはよくある。

3　身内が死ぬときには眠くなる。（母親が死ぬときに、どうにもならぬほど＜ずり込むほど＞眠かった。＝近所の伊丹雅子の話）

4　死者の魂は四十九日までは棟にいる。屋敷の周りで、悪いことをすると見ている。

5 あの世は花園で、きれいな小川があり、そこを渡って行く。渡し守は、美しい女で、渡し舟に乗ったら、あの世に行く。男は女に迷うて乗るので、女より早く死ぬ。あの世に行くと、剝《は》ぎ婆がいて、着物を剝ぐので、それにやるために、死者には帷子《かたびら》を着せる。

6 北枕で寝るな。（死者は北枕で寝かせる）

7 死人が立ち上がったときに、箒《ほうき》で叩くと治まる。平素に、箒で人を叩いていると、死者が立ち上がったときに叩いても、効き目がない。

8 死体の上に刀や包丁などの刃物を置いて魔除けにする。猫を近づけないためにも。

9 湯灌《ゆかん》をして座棺に納めるが、その際、死人の足が曲がらないときには、箒を逆さまに部屋の四隅に立て、念仏を唱えながら線香で死人の周りを煙をかける。すると足が曲がる。

10 咳には、シイタケの根（石付き）を煎じて飲む。

11 シイラ（鱪《しいら》）を食べると、瘡《かさ》が出る。（秋口になると、鳥取からシイラを売りに来た。「焼きジイラのうまいもの」と掛け声をして来る。シイラはマンサクともいう）

12 お皿に塩を入れない。（死者の枕飯は、ご飯、塩と味噌を一つの皿に入れたもの）

13 塩と味噌は一皿に入れない。（枕飯で一皿に入れるから）

14 塩を切らしたら金《かね》がなくなる。

15 塩を人から借るものではない。（醤油は借りる）

16 塩をもらってはいけない。必ず返さないといけない。
17 夕方、塩を借りに行かない。狼がついて来る。
18 夜、塩を持って歩くと狼がついて来る。
19 狼様（津山市里公文・貴布祢《きぶね》神社）には塩を供える。狼の好物は塩。
20 味付けで、塩を先に入れ、砂糖をあとで入れると、砂糖の効きが悪い。
21 腹痛のときは、焼き塩をして腹を温めると治る。
22 おなかが痛いときには、焼き塩の熱いのを布に包んで、へその上に置くと治る。
23 嫌いな人が訪ねてきたら、帰りに塩をまく。
24 塩と味噌は一緒に入れるな。（死者の枕飯に塩と味噌を一つの皿に入れて供える）
25 鹿がいるところには猪はいない。
26 敷居を枕にするな。
27 敷居は踏まない。親の頭を踏むのと同じ。（とくに玄関の敷居のことを言う）
28 敷付き（おこげ）のかゆ（粥）を飲むと、のどが渇かない。運がよい。（おこげの残った釜に水を入れて煮て、塩味を付けたもの。おいしい）
29 ハナエダ（樒《しきみ》）は仏様のご馳走。
30 ハナエダは、屋敷内に植えられない。

31 ハナエダは仏様の木なので、屋敷には植えない。

32 墓にハナエダは植えられない。

33 墓にハナエダを植えたら、祭る人が絶える。（ハナエダがいつもあるので、立ててくれる人がいなくてもよい）

34 ハナエダは墓には植えない。子孫が絶える。（ハナエダの実をレンゲ（蓮華）と言った。仏様の座布団の形をしている）

35 ハナエダは毒で、煎じて飲むと死ぬ。

36 羽出の観音寺（観音堂とも）では、ハナエダの木を護摩木にする。よい香りがする。

37 ハナエダを立てた墓の花筒の水を付けると、イボが取れる。

38 秋の雨は一雨に一度ずつ寒くなる。

39 道中通いをしていれば、仕事ができる。（「そうじゃそうな」というだけで、自分は何もしない者）。婿をもらった嫁は、婿の仕事をしている田んぼに行ったり、家に帰ったりして、仕事を見るだけで何の仕事もしない。そういう人のことをいう）

40 黄疸《おうだん》には、シジミの味噌汁がよい。

41 シジミは黄疸の薬。味噌汁にして飲む。（昔は鳥取県に行かないと、シジミがなかった。奥津町内にはいない）

42　黄疸には、黄シジミが効く。

43　シジミは腹痛の薬。

44　シソは手を嫌う。(シソをもむ人によって色がよく出たり、赤くならなかったりする)

45　日帰り柴は気遣いになる。

46　正月の飾り柴は、どこの山の木を切ってもよい。

47　日帰り柴はお化けが出る。柴を採ってきても、その日には立てない。柴はフクラシ＝ソヨゴが主なものだが、シキミ、サカキなども採ってくる。

48　シビレが切れたら、「一ビレ、二ビレが切れたから」といって、囲炉裡の灰を、つばで額に三回付ける。そのとき「アビラウンケンソワカ」(胎蔵界大日如来の真言。この真言を唱えれば、あらゆることが成就する)を三回唱える。

49　シビレが切れたら鼻の頭に、つばを付ける。

50　シビレが切れたら足を伸ばして、足の指五本を外側に反らすと治る。

51　霜が降りん(降りない)ときには大雪が降る。

52　霜が遅くまで降りない年は大雪になる。

53　大霜のときは大雪にならない。

54　霜が遅いと雪が早く降る。

55 霜が早く消えると雨。

56 霜折れがしたら雨が降る。（日が当たらないところの霜が消えることを、霜折れという）

57 ジャガイモは下痢に効く。

58 下痢には、ジャガイモを食べる。

59 下痢止めには、ジャガイモの蒸したものを食べる。

60 火傷には、ジャガイモを擂《す》り卸して貼る。

61 ジャガイモの花を摘むと芋の入りがよい。

62 シャクナゲが、たくさん咲くと豊年。

63 シャクナゲを庭木にするな。まんが悪い。

64 シャクナゲは、お墓の花で、屋敷には植えない。貧乏する。（ある金持ちの家で、シャクナゲを植えていたが、その家は絶えた）

65 シャクナゲの根を煎じて飲むと腹痛に効く。

66 榊の代わりにシャシャキ（ヒサカキ）を用いる。

67 シャックリのときは、ご飯のかたまりを、かまずに呑み込むと治る。

68 シャックリは酢を飲むと治る。

69 シャックリが出たら、次のシャックリが出るころに息を止めていると出ない。

70 小さい子どもがシャックリをすると、ヒヨヒヨ（盆の窪）を温めてやれば止まる。ヒヨヒヨが冷えるので、シャックリをする。息を吹きかけて温める。

71 シャックリが出ると、水を入れた茶碗の上に箸を十文字に置き、箸の間の四か所を順に水を飲むと治る。「橋の下の水を飲む」という。

72 シャックリは、水を入れた茶碗の上に箸を渡して、「橋の下の水を飲め」といって、水を飲むと治る。

73 シャックリは、驚かしたら治る。

74 竹の杓文字《しゃもじ》は使わない。（枕飯の杓文字は、竹を削って作るから）

75 出棺したら帰って来ないように座敷を掃き出す。

76 出棺のあと、藁火を焚く。死者が戻らないように。

77 出棺のとき、棺を三回半、左回りに回わす。死者が帰って来ないように。

78 シュロは、お寺やお墓に植えるもので、屋敷には植えない。シュロは鐘の撞木になる。

79 妊婦がショウガを食べると、ショウガのような手の子ができる。

80 妊婦がショウガを食べると馬鹿な子ができる。

81 風邪には、ショウガ湯を飲む。汗が出て熱取りになる。

82 風呂に入ってショウガ湯を飲むと風邪が治る。

83 風邪の引きがけには、ショウガ湯を飲むとよい。（ショウガを摺って砂糖を入れ、熱湯を注ぐ）

84 ――稲刈りのころ（十月十日過ぎ）ショウガ売りがやって来た。歩いて、時には自転車で、「ショウガー　ショウガー」と売り声を響かせてやってきていた。昭和三十年（一九五五年）ごろ百匁十七銭だった――

85 正月餅を搗くとき、「し」を言ってはいけない。死に通ずるから。

旦那様に、いかばって（元気でいて）もらうように、正月最初の歳日《としび》に酒とイカ（スルメ）を膳に付ける。

86 正月の年神に供えるジャジャ豆（炒った黒豆を水で溶いた米の粉で固めたもの）が崩れたら、その年はよくない。

87 六月一日は、コオリヅイタチで、この日までは正月礼に行ってもよい。

88 五月五日、ショウブ、ヨモギ、カヤを一束にして、「屋根の葺《ふ》き替え」といって、屋根の上に投げ上げる。魔除けである。

89 五月節供（五月五日）に、ショウブ、ヨモギ、カヤを束ねたものを、草屋根の四隅に突き刺すと、魔物が入らない。（「屋根を葺く」という。ほとんどの家が草屋根だった）

90 五月節供に、ショウブ、ヨモギ、カヤを各一本ずつ束ねて、四方の屋根に差したり、投げ上げたりする。魔除け。

91 五月節供の夜、寝床の下にショウブを敷いて寝ると、ノミの腰が折れる。咬まれない。

92 五月四日の夜は女房の日。ショウブを寝床の下に敷いて寝ると、ノミの腰を折る。

93 五月節供に牛の角にショウブを巻くと、牛が病気をしない。

94 五月十六日は、牛のショウブの日。牛の角にショウブを巻きつけると、牛が病気をしない。

95 五月節供には、ショウブ、ヨモギを風呂に入れて入浴する。元気になる。病気にならない。

96 五月節供に、ショウブ湯に入ると、体が冷えない。ショウブ、ヨモギなど薬草を入れる。

97 ショウブ酒（酒の入った徳利にショウブを立てる）を飲むと健康になる。

98 ショウブを干したものを、タンスの中に入れておくと、虫除けになる。

99 衣装の虫除けには、ショウブを干したものを入れる。

100 井戸のへりで小便をすると、水神様の罰《ばち》が当たる。使い川、井手（用水路）の中に小便しても罰が当たる。

101 女は畑で小便をしない。作物に虫がつく。

102 連れない（連れだって）小便をするものではない。

103 切り傷には小便を掛けるとよい。

104 火傷には、小便を掛けるとよい。

105 蜂刺されには、小便を掛ける。

106 川に小便をすると、チンポが腫《は》れる。水神様が怒られる。アメンボを水神様という。

107 石の上に、おしっこをすると、チンチンがはしる（ヒリヒリ痛む）。

108 水の中で、おしっこをすると、水神様の罰《ばち》が当たる。水浴びをしているとき、おしっこがしたくなると、「水神様、上《かみ》ぃ流れえ」と唱えて、おしっこをする。

109 井手川には、小便をしられない（水が流れていなくても）。井手川には水神様がおられるから。（井手川は、川から用水路に水を引き込んだ水路）

110 ミミズに、しっこ（小便）をかけると、チンチンが腫れる。ミミズを洗ってやるとよい。

111 火傷には醤油を付ける。

112 シラミの駆除をするには、アセビとトリカブトを煎じた汁で洗う。

113 牛のシラミには、アセビやトリカブトを煎じた汁で洗う。

114 青ガサ（青色の腫物《できもの》）には、シラミガサを黒焼きにして油で練り上げ、それを付ければよい。シラミガサは、大木や岩のコケの所に生える十センチほどの草。葉に茶色の斑点がある。

115 汁（おつゆ）を逆手でつぐな。死者の湯灌《ゆかん》のとき、杓を弦《つる》越しにして、逆手で湯を移すから。

116 味噌汁は二杯、吸い物は一杯で、お替わりはしない。

117 三杯汁は飲まない。汁は二杯まで。「あほうの三杯汁」という。

118 汁の豆腐三切れはいけない。四切れ入っても三切れは入れない。身を切るから。（兵隊に行くとき、近所の人が集まって送る。その時、白いご飯と豆腐汁を出す。その汁に豆腐が三切れにならないようにした）

119 正月七日までは、おつかけ（汁かけ）は、しられん（してはいけない）。

120 汁椀でお茶は飲まれない。

121 茎を折って白い汁の出るものは、体によい。

122 白い花がたくさん咲くとガシン（飢饉）。

123 白い花がたくさん咲くと不作。少ないと豊作。

124 白いもんがよい時には、黒いもんが悪い。（米が豊作のときは、炭はよくない）

125 シロミテには手伝いの人に、腹いっぱいご飯を食べてもらう。すると、エビ割れするような（籾が割れるほど）稲が出来る。シロミテはサナブリのこと。田植えが終わった祝い。

## 〔す〕 ＜五〇項目＞ ―西瓜、杉、杉菜、雀、スッポン、墨……

1 西瓜とウナギ。食い合わせ＝一緒に食べると害になるもの。

2　西瓜と氷（食い合わせ）。
3　西瓜とてんぷら（食い合わせ）。
4　西瓜は汗疹《あせも》の薬。塗る。
5　腎臓には西瓜がよい。
6　腎臓病には西瓜を食べる。小便が出る。
7　西瓜は利尿剤。
8　西瓜は肝臓の薬。
9　西瓜の種を飲み込むと盲腸になる。
10　西瓜の皮を手や顔などに塗ると、きめ細かな肌になる。
11　スイカズラ（ニンドウカズラ）は利尿剤。お茶にして飲む。（子どもが花の蜜《みつ》を吸った）
12　産後、ズイキ（里芋の茎）を食べると古血が出る。
13　牛が仔を産んだあとで、ズイキ（里芋の茎を干したもの）を食べさせると古血が出る。
14　水神様の祠を移したとき、腹痛が起こった。観音堂で拝んでもらったら、「何か神様をいらって（触って）いないか」「水神様を移した」「それだ。拝んでやろう」拝んでもらったら治った。
15　水仙の根を擂《す》って、うどん粉、酢で練って貼ると熱冷まし、打ち身に効く。
16　五月五日の羽出神社のお田植え祭の苗に用いた杉を、苗代に立てると虫除けになり、苗がよく育つ。

17　羽出神社のお田植え祭の杉の枝を苗代の畦《あぜ》に立てると豊作になる。

18　羽出神社のお田植え祭の杉の枝を持ち帰り、田に立てると豊作になる。それが活き着いたら山に植え替える。豊年杉といって大切にする。

19　羽出神社のお田植え祭の杉は、苗代の畦に立てるが、それが活き着くと縁起がよい。山に植え替える。

20　杉は水気を好むので谷に植え、桧は乾燥を好むので尾根に植える。

21　アカギレで皮膚が割れたところに杉脂《すぎやに》を入れる。

22　杉脂は、アカギレに煮やし込む。

23　やせ土には杉菜が生える。

24　杉菜の根は地獄の釜の段に続いている。

25　杉菜のお茶は血圧の薬。乾燥させたものをお茶にして飲む。

26　漆にかぶれた時には、杉菜をもんで汁を付けると治る。

27　草木に負けたときには、杉菜をもんで付けるとよい。

28　天井から煤《すす》が落ちたら雨。

29　煤が落ちると雨が降る。

30 煤払いは、奥から奥からするもの。

31 朝、寝とって雀が騒いだら日和になる。

32 雀が高い声で鳴くと晴れる。重い声で鳴くと雨になる。

33 雀が遅くまで餌を食べると雨が降る。

34 雀の黒焼きは肺炎によい。

35 スズメバチが家に巣をすると、まんが悪い。

36 頭痛がすると天気が崩れる。

37 肺病（結核）にはスッポンの生き血が効く。

38 肺病にはスッポンの生き血を吸う。

39 肺病にはスッポンの味噌汁を飲むとよい。

40 スッポンが食いついたら月を見ないと離さない。

41 「四十二の二つ子は弱い」といって捨て子にした。

42 体の弱い子を捨て子にすると元気になる。（拾い親は、仏様に「拾い子をしましたから家族に加えてください」と報告。米一升、豆一升を持って子どもを連れて捨てた親のところに行く。子は拾い親に一生、子としての義務を果たす。（米一升＝一生頼みます。豆一升は、一生マメ（健康）なようにの意）

43　三人目で初めて男の子が生まれたら、弱いので捨て子にする。すると元気になる。（道の角《かど》に蓑《みの》を敷き、子どもを置き、新しい着物を着せて、タコノバチ（伝八笠）を掛けておく。拾って乳を飲ませて、連れてきてくれる。拾い親という）

44　スベリビユは日には強いが、泥の中は弱い。「なんぼう照ってもかまわんが、泥の中はきょうとい（恐ろしい）きょうとい」と言うという。

45　スベリビユを玄関に下げておくと魔除けになる。（スベリビユは日に強い。何日置いても枯れない）

46　スボ（ズボ、ズンバイとも。チガヤの幼穂）の大きいものは食べられない。

47　炭を熾《おこ》すのは「夏下冬上《かかとうじょう》」といって、夏は燠《おき》を下に、冬は燠を上にして熾す。

48　火傷《やけど》のときには墨《すみ》を塗る。

49　火傷には、墨をすって付けるとよい。

50　猫にスルメを食べさせると腰が抜ける。

〔せ〕〈五一項目〉―石菖、赤飯、セキレイ、節分、セミ、洗濯……

1 生花を頭に挿すと気違いになる。
2 セキショウ（石菖）を乾燥させたものを着物箱に入れると虫除けになり、匂いもよい。
3 丑湯にセキショウを入れる。（土用の丑の日の風呂）
4 薬用風呂といって、セキショウを生のまま、または乾燥させて風呂に入れる。
5 セキショウの風呂は神経痛に効く。
6 セキショウを煎じた汁を風呂に入れると、体が温もる。
7 セキショウは強壮剤。乾燥させて煎じて飲む。
8 鼻血止めには、セキショウの根を鼻の穴に詰めると止まる。
9 セキショウの根とエンズイ（ハネミイヌエンジュ）の皮と一緒に煎じて付けると傷に効く。
10 朔日と十五夜は、赤飯を神様に供えよ。
11 庚申様は赤が好きだから、ぼたもちか赤飯をして祝う。線香が一本消えるまで立ち待ちをする。
12 重箱で赤飯をもらったときの移りは、マッチ、米（半紙に包む）、半紙、鉛筆など何かを入れる。しかし、凶事のときには入れない。

13 赤飯などをもらったときには、重箱を洗わないで返す。「また下さい」との意。しかし凶事のときには洗って返す（再び下さるなの意）。

14 子歓び（宮参り、誕生《たじょう》など）のとき、祝いの赤飯など配るときには、左右の揃った南天の葉を載せる。片輪（不揃い）の葉はいけない。

15 赤飯や餅など食べ物を重箱に入れて持って行くときは、毒味に南天の葉を載せる。吉事では葉の表を上に、凶事では表を下にして置く。もしあたったら南天の葉を食べると治る。

16 葬式のとき、屋根に関札を立てる。そうすると、仏様が、それから内には入られない。

17 セキレイ（セキレンともいう）は羽根の下から火を出す。取ると火事になる。

18 セキレイの巣を取ると火事がいく。

19 セキレイに石を投げると火事がいく。

20 セキレイが家に巣をすると、まんがよい。

21 セキレイは、傷めてはいけない。大事にするもの。

22 兵隊に行っているときには、家では殺生をしない。魚も取らなかった。

23 節分には、縁側の戸を開けて、「福は内、鬼は外」と言って豆をまく。

24 節分が本当の年越しで、次の日から新しい年が始まる。

25 節分は、何をしても当たり障りがないので、何をしてもよい日だ。

26 節分は一番の年取りで、一番よい日。何をしてもよい。

27 子どもの背守りに、括り猿を付ける。

28 土用が明けにゃ（明けないと）ミーンミーン（セミ）は鳴かない。

29 処暑（旧七月の中。八月二十三、二十四日ごろ）になったら、ミーン、ミーン（せみ）が鳴き出す。

30 セミは土の中で七年、外で七日しか生きないから、かわいそうなので取らない。

31 泉水を造ったら病人が出る。方角によって、耳、鼻、頭、婦人病などになる。

32 元日には洗濯をしない。

33 二日には洗濯をするな。（二日干しに通じるから）

34 洗濯物は夜干さない。

35 風呂敷を洗濯したら風が吹く。

36 昼から洗濯はするな。「横着者の昼から洗濯」という。

37 洗濯物を、竿の通り抜きにすると逆子ができる。洗濯物は、竿に通した方から抜くもの。

38 洗濯物を二つ折りにするな。身体が折れる。

39 便所にウシシンザイ（ギシギシ）を刻んで入れると、センチン虫がわかない。

40 月の二日には洗濯をしない。

41 洗濯物の二日干しはしない。夜は干さない。

42 洗濯物は二日干し（夜にしまわないで干したまま）しない。それで正月二日は、洗濯をしない。

43 洗濯物の二日干しはするな。死者の着物は二日干しにするから。

44 洗濯物は北向きに干さない（襟が北向きになる干し方）。死者の着物は、北向きに日当たりの悪い所に干す。

45 洗濯物を夜入れないと、次にそれを着た人が病気になる。病気の印を押しに来る。

46 胃の病気にはセンブリが効く。

47 胃腸病には、センブリの出し汁を飲む。

48 センブリは土用の丑の日に採るとよい。

49 餅米を浸すとき、洗った米をソウキ（竹ざる）に入れ、それから桶などに入れて浸す。洗ってすぐ桶などに入れて浸してはいけない。

50 米を洗う時、「の」の字を書くように洗うもの。左回りに洗ってはいけない。

51 ツチ（犯土）にゼンマイを採ると虫が入る。（ツチは暦の庚午から丙子までの七日間を大ツチ、翌々日の戊寅から甲申までの七日間を小ツチという。この日には土を動かしてはいけない。）

〔そ〕〈三三項目〉―葬式、草履、ソバ……

1 そうき（ざる）をかつぐと（被《かぶ》ると）背が伸びない。

2 そうきをかつぐと背が高くならない。

3 雑巾で顔を拭くと、はつかしく（恥ずかしく）なくなる。

4 正月元日には、戸を開けて、「福は入《はい》れ、福は入れ、鬼は外、鬼は外」と言って掃く。

5 ソウを言うのは、二人で行くもので一人では行かない。（「ソウを言う」は、死者が出て、葬式の日程などを親戚《しんせき》などへ知らせること。「左右《そう》を言う」（次第を伝える）ことだと）

6 ソウを言って来たら必ずご飯を出す。（ソウを言って来て、お茶だけ出して、ご飯を出さなかったら帰らなかった。ご飯を出したら帰ったという話もある）

7 丑寅の日には葬式をしない。（「丑と寅の間に出す」と言って、夜中に葬式を出したことがある）

8 葬式の菓子台の菓子を食べると、淋しくなくなる。（葬列の持ち物に「菓子台」がある。役配にもある。板に菓子が六個つけてある）

9 葬式の草履は、雨垂れ落ちに、一枚のむしろを敷いて作る。（雨垂れ落ちは、この世とあの世の境と考えられている）

10　紙緒の草履は履くな。（葬式のとき履くものなので）
11　棺担ぎは、草履を六道のところで脱ぎ捨てて帰る。その草履を、人に知られないように拾って履くと長生きする。
12　棺を担ぐ人は素足に藁草履を履く。墓から帰る途中で鼻緒を切って捨てる。
13　墓に持って行った死者の草履をもらって履くと元気になる。足が痛くならないという。（墓に草履を結び付けた杖を立てる）
14　仏様のお下がりを食べると、物覚えが悪くなる。
15　お墓の供え物を盗んで食べると淋しくなくなる。
16　お墓の供え物を盗んで食べると夏病みしない。
17　年越しソバを食べると借金が切れる。
18　高血圧にはソバがよい。
19　高血圧（中風気《ちゅうぶけ》）には、ソバを食べるとよい。
20　ソバを食べると体が冷える。
21　妊婦がソバを食べると冷える。
22　ソバは冷えるので妊婦は食べない。
23　ソバ殻を入れた枕は、頭を冷やすのでよい。

24 枕にソバやソバ殻を入れると頭が冷える。

25 ソバの茹で汁も牛には飲ますな。流産する。

26 ソバの花がたくさん咲くと豊年。

27 ソバは土用の凪に三日あえば実がなる。

28 ソバは七十五日で刈る。

29 ソバは黒い実が三粒見えたら刈る。

30 ソバは三九日《みくんち》遭うたらよい。十月十日に刈り取れる（三九日。ソバは盆ごろに播くので、九日は八、九、十月で三回ある。十月は十日には刈れるので、その前に九日がある。暦は旧暦）

31 早播きは花ソバ、遅播きは幹《から》ソバ。（播種の適期は盆ごろ。早く播くと花ばかりで実が少なく、遅播きは幹ばかりできて実が少ない）

32 ソバ幹《がら》の灰は、コンニャクの灰汁《あく》によい。（コンニャクは、自家製だった）

33 田んぼの水口（取水口）に、ソバ幹を踏み込むと浮き草ができない。苗代のあとに浮き草がよくできるので、苗代の水口にソバ幹を入れていた。

# 4. 大黒柱に釘を打つと、頭が痛くなる――「た」行の俗信――

〔た〕〈一九六項目〉―鯛、大根、大豆、田植え、竹、茸、狸、卵……

1　鯛の夢は吉兆。
2　鯛は、めでたいで、よろこびごとには必ず使う。
3　鯛の骨が、のどに掛かると抜けない。
4　皮膚病や水虫に、オニシンザイ（ダイオウ。イヌシンザイともいう）の根を擂《す》って付ける。
5　ダイオウの根を擂って、その汁と酢を混ぜて水虫（股腐れともいう）に付けると治る。
6　大黒柱に釘を打つと、頭が痛くなる。
7　大根も土用の入りに播くと、よく出来る。「入り播き」という。
8　煙突などの煤《すす》を大根畑に入れると、大根が苦くなる。屋根替えの茅も同じ。
9　金肥（化学肥料など）を入れると、苦い大根が出来る。
10　底に肥を打ち込むと、二股大根が出来る。追肥で作れ。

11 大根の苦いものには、米を入れて炊くと、苦みが抜ける。
12 大根の味噌汁は体が温まる。
13 大根は風邪薬。大根摺り（おろし大根）に卵（殻のまま）を入れておくと、きれいに溶ける。それを飲む。
14 風邪には大根を摺った汁を飲む。
15 大根を刻み、熱湯を注いで飲むと風邪に効く。
16 大根は風邪薬。おろし大根に蜂蜜を入れて飲むとよい。
17 大根のおろし汁を飲むと咳止めになる。
18 大根は胃薬。おろし大根を食べる。
19 胸焼けには、大根おろしを食べる。
20 腎臓病には、大根おろしがよい。
21 湿布は、大根おろしでする。
22 鼻血には、大根のおろし汁を入れると治る。
23 干し菜（大根の葉を干したもの）を入れた湯（風呂）に入ると、体を温め、冷え症に効く。
24 干し菜（大根葉）を風呂に入れると、体が温もる。
25 大根の葉（干し菜）とヨモギの干したものを風呂に入れると、体が温もる。

26 干し菜の湯（風呂）に入ると痔によい。

27 腎臓には、大根の葉（干し菜）を煎じて飲む。

28 腹膜炎には、ねじ干し大根の煎じたものを飲む。

29 餅がのどに掛かると、大根おろしを食べる。

30 大根おろしは、力を入れて擂ると辛くなる。

31 大根おろしは、怒って擂るな。辛くなる。

32 オチンチンのある三股大根は、恵比須様が喜ぶといって供える。

33 コウコウ（沢庵）を焼いて食べると貧乏する。

34 亥《い》の子《こ》に大根畑に入ると大根が割れる。（亥の子は十一月の二回目の亥の日に祝う）

35 亥の子に大根畑に入って、大根の割れる音を聞いたら死ぬ。

36 亥の子の日には大根畑には入らない。大根の割れる音を聞くと死ぬる。

37 秦山木の花びらで酒を飲むと、中風にかからない。

38 大豆の炒り播き、小豆の練り播き。（大豆は天気の日に播き、雨の日には播かない。小豆は少しぐらい雨が降っても播く）

**〈注〉**大豆は畦豆（田の畦に植えるもの）だけで、畑には植えない。小豆は、普通の畑には植えないで、小さな畑や荒地のようなところに少しずつ植えた。

39 大豆を植えるのは半夏まで。半夏が過ぎたら小豆を植えよ。

40 半夏過ぎたら大豆を植えるな。（実がならない）

41 大豆はエンタイ（厭対日《えんたいび》）の日には播くな。（エンタイは婚礼、出立ちなどを忌む日）

42 三日畦《みっかあぜ》には植えな。大豆は二日畦に植える。（畦豆は、田の畦に豆突き棒で穴を開け、二粒ずつ大豆を播く。豆突き棒は、アサジの木で作り、長さは三十センチ〈屈んで作業〉から一・二メートルぐらい〈立って作業〉まで、体格などに合わせて作った。「三日畦には植えな」というのは、畦が固まり、穴が開けにくいからだろう）

43 苗代の畦には大豆を植えない。植えると初盆の黄粉《きなこ》になる。

44 大豆の植え忘れをしたら死ぬ。（穴だけ開けて植えなかったり、溝だけ切って植えなかったりすることを忌む）

45 大豆を抜いたら、すぐにハゼ（干し場）に掛ける。泥（地面）に一晩置くと、大豆の色（艶）が悪くなる。

46 高血圧には、生大豆の酢漬けを食べる。

47 メボイトウ（麦粒腫）が出来たら、大豆を黒くなるまで炒って、メボイトウとは逆の手で（麦粒腫が右目なら左の手）雨垂れ落ちを掘り、そこに大豆を埋め、「この大豆の芽が出るまでは、メボイトウは出てくれな」と唱える。

48　しこりができたとき、生大豆をかんで、生臭くなかったらヨウ（癰）である。臭かったらヨウではない。（ヨウは、首・背中・おなかなどに出来る悪性のはれもの。痛くて高熱が出る）

49　乳房に癰《よう》が出来たら、生大豆が生臭くなくなる。

50　生大豆をかんで、青臭くなかったら癌になっている。

51　お大師講の日には、臭い物は食べられない。

52　正月のお飾りには、ダイダイを付ける。代々繁昌するようにと。

53　ダイダイの汁をしぼって飲むと風邪薬になる。

54　大日様（大日如来）のそばの木を切る（つつく）と、牛が死ぬ。まんが悪くなる。（大日如来は牛の守護神。旧奥津町内には多数の石造物が建立されている。筆者の調査によると、旧奥津町内に、二七八基、うち刻像塔五〇基、文字塔二二八基が建立されている。）

55　大日如来は、牧場が出来たとき、入り口に建立した。牛馬の安全を祈るため。

56　泥棒が帰りがけに大便をすると見付からない。床《とこ》にするとよいともいう。

57　大きな木は、根元から一度に切るものではない。家が衰える。何回かに分けて切る。

58　エンタイの日には、種播き、田植え、豆植えはしない。「ミョウガ目出度《めでた》や蕗《ふき》繁昌」を作ると、してもよい。（畦に細竹を半円状に立て、それに折り掛け樽を二つ掛ける。下にミョ

ウガと蕗を置く。次図参照）

59 畦《あぜ》越しに田植えをすると、年越し（大晦日）に子どもが生まれる。

60 田の畦から田植えをすると、逆子《さかご》ができる。難産になる。

61 田植えのとき、手伝い人にご飯を出して、そのあとを手伝い人が洗うと、あと荒れがする。

62 苗取りや田植えで、コデ（小手）が出たら障子の穴から、その手を出して、乙子《おとご》（末っ子）の男の子（異性の子）に手首を糸で括ってもらう。その糸が切れるまでには治る。（コデが出るというのは、手首の関節痛になること）

63 わさ植え（最初の田植え）のとき、三株植えて、「植え手が痛うなりませんように」と拝む。

64 タカノバ（タカラコウ）の葉を少し干して尻拭き（落とし紙）にする。うじ虫がわかない。

65 タカノバ、ミコシグサ、ショウブ、オバコ、ヨモギを土用の丑の日の丑の湯に入れる。病気にならない。

66 コウコウ（沢庵）一切れは付けない。

67 戌《いぬ》、酉《とり》、寅《とら》、巳《み》（犬が鳥ぅ取らぁ見ぃ）に竹を伐ると虫が入らない。

〈茗荷目出度や蕗繁昌〉

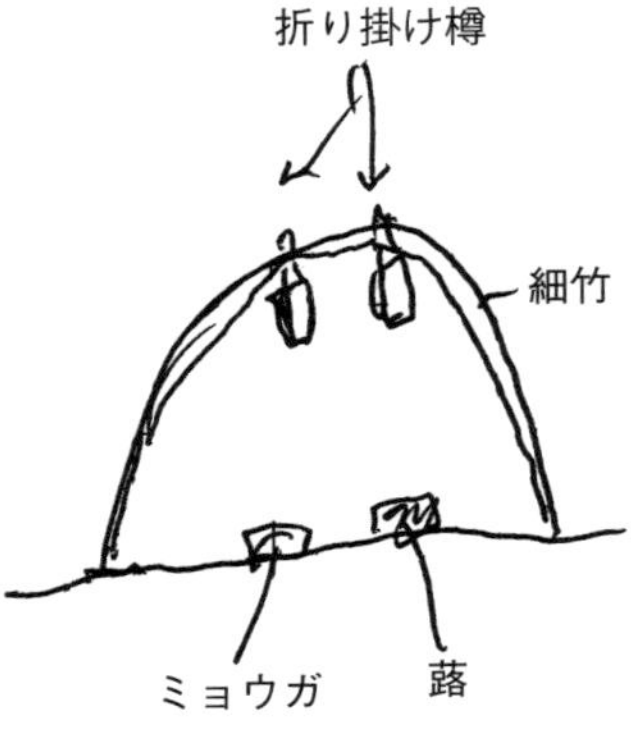

68 竹八月に木六月。この時、伐ると虫が入らない。

69 木六月に竹八月。この月には伐らない。

70 竹はツチ（犯土）の日には伐られない。（犯土日＝庚午から丙子までの七日間を大ツチ、戊寅から甲申までの七日間を小ヅチという）

71 竹の花が咲いたら竹が枯れる。六十年に一回、花が咲くという。

72 六十一年ぶりに竹は花が咲く。竹の花が咲くと、鼠が増える。

73 竹の花が咲くと竹が絶える。

74 竹の花が咲いたらガシン（飢饉）。

75 豆を煮るとき、竹の皮を入れて煮ると、軟らかくなる。（笹でも竹の枝でもよい）

76 屋敷には竹を植えない。

77 風呂を竹で沸かすと釜が割れる。（五右衛門風呂）

78 正月は、トンドの日までは竹を伐られない。トンドでは正月の飾りを燃やす。その時、青竹を燃やす。ドンドンと破裂する。この音が鳥追いになる。

79 竹の楊子は歯じし（歯茎）を痛めるので、使わない。

80 便所、井戸、池を埋めるときには、竹の節を抜いたものを真中に立てる。

81 墓のスヤ（須屋）は、竹の柱で作る。（スヤは新墓をおおっておく屋形。以前、墓は土葬だった。）

82 竹には毒があるから、踏み抜きには気を付ける。

83 竹の中の白い膜を貼ると血止めになる。

84 竹の近くに馬の爪を埋めると、竹がそちらにやってくる。

85 竹と木の三股はしない。（死者の枕飯を炊くとき、カタギ〈担ぎ棒〉、箒《ほうき》、股棒《またぼう》で三股を作り、堅木《かたぎ》〈クヌギ、ナラ、カシなどの木〉の鉤《かぎ》に鍋《なべ》を引っ掛けて炊く）

86 竹と木の箸はいけない。死者の骨拾いで、そうするから。

87 茸を割って、きれいに割れると毒がない。笠の下にツバ（鐔）があれば食べられる。

88 茸類はガンに効く。

89 椎茸は血圧を下げる。

90 椎茸はガンの薬。

91 秋、木に生えた茸はあたらない（中毒にならない）。

92 桑の木に生えた茸は中風の薬。

93 毒茸でも、茄子《なす》を一緒に入れて煮るとあたらない。

94 光る茸は毒茸。

95 茸と茄子を一緒に炊くと、茸に毒があっても消える。

96　クロカワ（茸の一種）が生えるところに松茸が生える。
97　生の革茸《こうたけ》を食べると、唇の皮がむける。（革茸は、普通、乾燥したものを食べる）
98　幸茸《さいわいだけ》を神棚に供えておくと、幸せになる。
99　ハイトリダケでハイ（蝿《はえ》）が取れる。茸を焼き、汁が出ると割って、割った方を上に向けて置くと、ハイがたかり取れる。食用になるが、多く食べると酔う。
100　メツブシ（目潰し・茸の一種）は、つつかれん。粉が目に入ると目がつぶれる。
101　毒茸は、つつかれん。つつくとあたる（中毒する）。
102　毒茸は夜、光る。
103　毒茸の見分け方。①裂いて途中で折れたもの。②土のところ（根の部分）が太くないもの。③夜、光るもの。④色が変わるもの。以上①〜④があれば毒茸。
104　竹の皮は燃やされん。
105　たけのこを盗むと目が見えなくなる。
106　たけのこを盗むと難病になる。
107　妊婦が、たけのこを盗むと、目の見えない子ができる。
108　たけのこを食べると疝気が起きる。（疝気＝漢方で、大小腸、生殖器など下腹部内臓が痛む病気。殊に、下腹部に発作的に激痛がきて、反復する）

109 たけのこのあく抜きは、米糠または米の磨ぎ汁を用いる。
110 たけのこのえぐ味を抜くには、米糠を入れて茹でる。
111 たけのこがよく出来る年には、稲もよく出来る。
112 たけのこが盗まれたときには、その株に、やいとう(灸)をすえる。盗んだ者の手が痛くなる。
113 よそのたけのこを盗むと、目が潰れる。
114 こうこう(沢庵)三切れは付けない。身を切るという。四切れでもよい。
115 タコは歯無しに見せな。(タコは胃で消化するので、かまずに丸呑みする)
116 歯なしにタコを見せな。(かまずに呑み込むから、よく食べる)
117 食い合わせ。タコと柿。消化が悪い。
118 食い合わせ。タコと柿。腹痛になる。
119 食い合わせ。タコと梅干。
120 亥の子ダコといって、亥の子の日にはタコを食べる。
121 タコを食べると、イボが出る。
122 妊婦がタコを食べると、イボのある子が出来る。
123 妊婦がタコを食べると、禿げた子が出来る。
124 便所にタコノバを入れると、うじ虫がわかない。

125 畳の敷き合わせを踏んではいけない。
126 畳の継ぎ目は踏まない。敷居も同じ。
127 畳の継ぎ目や柱の通りのところには寝ないもの。
128 魚を煮るときには、タデの葉を入れる。
129 物を結ぶとき、一巻きにせず、二巻きにし、縦結びはしない。湯灌のとき一本綱で一周りさせ、縦結びにするから。
130 辰巳《たつみ》（南東）の門に乾《いぬい》（北西）の蔵（家相がよい）。
131 家を建てるとき、戌亥（西北）は万事よいので、何を造ってもよい。
132 七夕に供えてある団子を盗んで食べると、夏病みしない。
133 七夕団子を盗んで食べてもよい。盗んでも七夕様が許してくれる。
134 七夕には、七回着物を着替え、七回水を浴《あ》び、七回食事をする。病気にならない。
135 七夕で流したものを拾って食べると病気をしない。
136 牛を咬《か》んでいるダニを取ると、口だけが残る。それが、またダニになって血を吸う。口ごと取らないといけない。
137 タニウツギ（田植え花ともいう）が咲いたころに田植えをするとよい。
138 タニウツギが咲くと田植えの最中。

139 三月節供には、田螺《たにし》を必ず食べる。天神様の好物という。ワケギのぬたにして食べる。

140 三月節供には、必ず田螺をお雛様に供えて食べる。（お雛様は、人の目玉が好物だが、田螺の方がもっと好き。人の目玉を食べられないため田螺を供えるという）

141 田螺は腹薬。下痢には、田螺の味噌汁がよい。

142 食い合わせ。田螺とそば。

143 狸が蕗《ふき》のとうを食べたら肉が臭くなる。

144 腹痛には、狸の胆を呑む。

145 狸は顔が丸く、ウジナ（ムジナ）は顔が長い。マノミは、狸とウジナの合の子である。狸は黒い毛、ウジナは白い毛をしている。狸は、夜、目が血の色に見える。

146 眉の間に、唾《つば》を付けると、狐や狸に化かされない。

147 狸に化かされたときには、煙草を吸うとよい。（狸に化かされたということは、あまり聞かない。ほとんどが狐）

148 狸や狐を半殺しにすると、祟る。

149 狸のユ（胆）は、胃薬になる。どこの家にも、ぶら下がっていた。

150 狸は男に化ける。狐は女に化ける。ウジナ（ムジナ）は化かすといわない。肉がうまい。

151 大安日に種籾浸《が》しをする。

152 八十八夜が来ないと種は播かれん。それまでは降霜がある。

153 土用の入りに種を播く。「入り播き」という。

154 種や苗は、一粒（一株）ずつ植えるものではない。

155 よその種を盗んできて播くと、よく出来る。

156 種は一粒万倍日に播く。

157 レンタイ（厭対日《えんたいび》）には、種播きをしない。

158 エンタイ（厭対）に種を播いたら生えない。

159 播き忘れをしたら死ぬ。（溝を切って種を播くようにしながら、播くのを忘れること）

160 継ぎ播きをするな。（一通りの溝に、二種類以上の種を播かない）

161 継ぎ播きをしたら死ぬ。

162 播いたものが生えなかったら、播いた者が死ぬ。

163 ニホンレンゲ（六月十五日）には、田の草を取られん。田にも入られん。

164 便所にタカノバを刈ってきて入れると、虫がわかない。

165 血止めには、煙草をもんで付ける。

166 煙草の煙が、まっすぐに上がると天気がよくなる。

167 足袋を履いて寝ると、親の死に目に会えない。

168 旅立ちのとき、熊王神《くまおうじ》の方向に行ってはいけない。先ず、逆に行き、それから元に戻って行く。(怪我をすると、熊王神に向いて出たからだと言われた)

169 一つの食べ物を二人で取り上げな。死者の骨拾いでする。

170 風邪を引いたときには、卵酒がよい。

171 妊婦が初卵《ういたまご》を食べると、お産が軽くなる。

172 打ち身には、卵の白身とうどん粉、アマリリスの根を擂《す》って酢で練り貼る。

173 酢卵(酢の中に卵を浸けておくと、溶けて無くなる)を飲むと中風に効く。酢は米酢がよいという。

174 痔には、卵黄油(卵黄をいためると油が出る)を塗る。

175 風邪には卵酒を飲む。

176 風邪のときには、熱い風呂の中で卵酒を飲む。

177 二つ玉の卵を妊婦が食べると、双子が出来る。

178 初卵を妊婦が食べると、お産が軽い。子どもにも、将来、お産が軽いようにと食べさせる。

179 妊婦が血の付いた初卵を食べると、お産が軽い。

180 妊婦が卵を食べると、つるつる坊主の子ができる。

181 骨折には、小麦粉に卵と酢を入れて練り、患部に貼る。

182 打ち身には、小麦粉に卵と酢を入れて練り、患部に貼る。
183 タマネギの皮を煎じて飲むと、心臓病に効く。
184 蜂刺されには、タマネギを切って、すりつける。
185 タマネギを食べると頭がよくなる。
186 タマネギを刻み、熱湯を注いで飲むと、風邪に効く。
187 タマネギは虫薬。回虫がいなくなる。
188 死んだとき、すぐに破風から家の中をのぞいて、大声で死者の名前を呼ぶと生き返る。このとき本名でないと生き戻れないので、呼び名の者は、子どもに本名を教えておかなければならない。
189 田虫のまじない。手斧鍬《ちょうのうぐわ》で、田虫のところを打つようにして、唱え言（忘却）をすると治る。
190 ハタケ（田虫）は、手斧鍬で、まじないを言って掘ると治る。
191 切り傷には、袂糞《たもとぐそ》をつける。（袂糞は、着物の袂の底にたまった綿ごみ）
192 タラの芽は医者いらず。
193 タラの芽を焼いて醤油を付けて食べると、便所に虫がわく。
194 一月十三日の津山市一宮の虚空蔵様《こくぞう》（黒沢山万福寺）に参るとき、朝、団子汁を食べると、小遣いに不自由しない。知恵がつく。コクゾウ様なので、「粉食うぞう様」で粉を食う。

195 米の粉団子とズイキ（里芋の茎の干したもの）の味噌汁を食べると、産後の肥立ちがよい。
196 タンポポは薬草。下痢止め。

## 〔ち〕 〈三六項目〉—乳、茶、茶碗、チョウチョ……

1 チシャの白い汁は薬になる。
2 乳が出ないときには、乳の神様に参り乳型を供える。乳の神様まで参られないときには、谷のようなところの木の枝に吊り下げて祈る。
3 乳が出ないときには、乳型を奥津川西の荒神様に供えると出るようになる。
4 余った乳を青菜に掛けたら乳が出なくなる。
5 余り乳を草や石に捨てると、乳が出なくなる。
6 血止め草は血止めに用いる。
7 切り傷には、血止め草の葉をもんで貼ると止血する。
8 チナイ（エゴノキ）の実が二つあるものは、双子が出来るので、嫁さんには食べさせない。
9 歓び事には、お茶を贈らない。お茶は棺桶に入れるから。（遺体を座棺の中に座らせ、番

茶を袋に詰めたものを、空いたところに詰め、遺体がしっかり座ったようにする。「詰め茶」という）

10 お茶は、土産や贈り物、見舞いなどには用いない。特に病気見舞いにはしてはいけない。チャチャになる（妨害になる）。

11 結納のときには、茶化すから、お茶を出さない。昆布茶や桜茶にする。

12 茶柱が立つと縁起がよい。人に言うと、それが取られる。黙って茶柱を飲み込む。

13 朝、茶柱が立つと、よいことがある。人に見られたり、話すと、よいことが取られる。

14 皿で、お茶を飲むと去られる（逃げられる）。

15 番茶は花茶がおいしい（茶の花が入っているもの）。

16 番茶は切らすものではない。いつでも詰め茶（棺桶に入れる）にできるぐらいは保存しておく。

17 番茶は毒消し。ものあたりがしたら（中毒のようだったら）番茶を飲む。

18 霜の来る前に番茶は刈る。（霜が下りるとおいしくなくなる）

〈注〉番茶は①茶の木を刈る②洗う③刻む④干す⑤炒る⑥出来上がりとなる。

19 正、五、九月（旧暦）に、お茶の葉を取る（摘む）ものではない。棺の詰め茶になる。（Aさんが九月に、「お茶摘みに行こう」と誘いに来た。「九月はおいしくないし、忙しいから」

と断る。Aさんは一人で摘みに行き、その後、すぐに亡くなった)

20 お茶は、旧正、五、九月に摘むものではない。その月にお茶を作ると、けち(縁起が悪いこと)がつく。

21 お茶は、におい消し。(鼠取りに鼠が入ると、しばらく置き、死ぬと川に流す。それをそのまま使うと鼠が入らない。鼠取りを茶でいぶすと、また入るようになる)

22 油のにおいを吸い取るためにお茶を用いる。(油をこぼしたら、その上に紙を置き、それに番茶を載せておく。すると油のにおいが消える)

23 お茶は毒消し。

24 切り傷をしたら、お茶の葉をもんでつける。

25 蜂に刺されたら、お茶の葉をもんでつける。

26 お茶の木は植えずに、実を播く。

27 茶の実を播けば、早く死ぬ。

28 お茶の花を髪にさすと、気が狂う。

29 茶碗と汁椀を同時に持たない。

30 お盆(膳)に、一つ茶碗を置いてはいけない。湯呑みでも添えて出す。

31 ご飯のとき茶碗を叩くと貧乏神が来る。

32 出かける前に茶碗が割れると不吉。

33 春、先に蝶を見ると足が軽い。蛇を見ると足が重い。

34 春先きにチョウチョ（蝶）を見ると早く走れる。チョウチョより早く蛇を見たら、ワラビを取って足に塗ると早く走れる。

35 春、一番にチョウチョを見ると足が軽い。蛇を見ると足が重い。このときは、ワラビの汁を足に塗る。すると足が軽くなる。

36 蛇より早くチョウチョを見るとよい。

〔つ〕〈七八項目〉―杖、月、漬け物、ツツジ、椿、ツバメ、爪……

1 二本杖をついて歩くと親の死に目にあえない。（子どもが二本杖をついて遊んでいると叱られた）

2 墓に立ててある死者の杖をもらって使うと元気になり、長生きする。（死者の杖に草履を結びつけて、葬式のとき墓の上に立てる）

3 三日月が山に入るとき拝むと頭痛が治る。

4 三日月を拝むと頭痛が治る。特に女の血の道。

5 月が笠をかぶったら雨になる。

6 月の輪が見えると雨。

7 三日月が受けていると、水を汲んでいるので雨が降る。

8 三日月は、すぐに山に入る。

9 三日月が汲んでいると、その月は天気が続く。三日月が移していると、その月は雨が多い。

10 三日月が傾くと、その月は雨が多い。三日月が汲んでいる（受けている）と雨が降らない。

11 三日月が立っていると、水が流れているので雨が降らない。

12 三日月が立ったら雨、抄《すく》う形なら天気。

13 月見草は屋敷に植えない。

14 ツクシの穂を食べるとガンになる。

15 漬け物石は山から拾え。川から拾ったらいけない。川の石は墓の祭り石かもしれないから。
（洪水で墓が流されている）

16 漬け物石は川で拾うものではない。(川には墓石や便所に使った石などが流れているから)

17 漬け物石に青石は用いない。青石は水神様でもったいない。

18 漬け物を焼いて食べると七代貧乏する。

19 漬け物は、丸ごとのまま引き裂いて食べたらいけない。人の仲などを引き裂くから。切って食べるもの。

20 漬け物を上手に漬ける人は、性技が上手。よその漬け物をほめると、その人と性を交わったことになる。ほめるものではない。

21 ツタを植えると病人が出る。

22 ツタ（つる物）は庭に植えない。喧嘩などしたときに、「ツタを生やそうか、ヨモギを生やそうか」（貧乏にしてやろうか）と言う。

23 一番ツツジは食べるものではない。二番ツツジを食べる。（一番ツツジは、コバノミツバツツジ、二番ツツジはヤマツツジであろう。子どもたちが、二番ツツジの花や虫癭《ちゅうえい》（兎の耳などという）を食べた。

24 赤いツツジ（二番ツツジ）が、たくさん咲くと凶作。コブシがたくさん咲くと豊作。

25 キツネツツジ（レンゲツツジ。オオカミツツジともいう）は庭木に植えられん。

26 ヤンメ（結膜炎）の者に出会ったら、睨《にら》んで、三遍つばをはけば移らない。

27 切り傷には、つばをつけるとよい。

28 蜂刺されには、つばをつければ治る。

29 庭には椿を植えない。

30 椿は屋敷内に植えない。花の首が落ちるから。
31 椿は屋敷内に植えない。首が落ちる。
32 椿の木で作った藁打ち槌で叩くと、お化けが出る。椿の木では槌を作らない。
33 椿の花を洗面器に水と一緒に入れて混ぜると、泡が立つ。石鹸だといって子どもが遊ぶ。
34 椿の花を乾燥させ、それをくよす（燻《くす》べる）と、蚊やブト（ブユ）が来ない。
35 椿は、よいところ（祝事など）には持って行かない。椿事（珍事）が起こる。
36 椿は、病人の見舞いには絶対持って行かない。椿事が起こる。
37 椿は神、仏には供えない。
38 椿はお寺やお墓の花。
39 彼岸になるとツバメが来る。
40 ツバメは彼岸に来て彼岸に帰る。
41 紋付きツバメは彼岸に来る。
42 ツバメが来ると運がよい。
43 トウヒーゴ（ミヤマツバメ）は、お金持ちの家にしか来ない。
44 ツバメが来なくなると火事がいく。
45 ツバメを殺すと火事になる。

46　ツバメは縁起のよい鳥。殺したら火事がいく。

47　ツバメが家の中に巣を作ると火事にならない。

48　ツバメが巣を作るのは吉。

49　ツバメが来なくなると悪いことが起こる。

50　ヒーゴ（ツバメ）が家に巣をしなかったら、まんが悪い。

51　ツバメが、むさな（きたならしい・藁などが垂れた無造作な）巣をすると豊作。

52　ツバメが、きれいな巣を作ると豊作にならない。むさなのをすると豊作になる。（藁などが長く垂れ下がったような巣がよい。垂れ下がるのは長いほどよい）

53　ツバメの雛は見るのも、さわるのもよくない。見たりすると蛇が来て取る。

54　ツバメの巣の中には、子安貝があり、安産のお守りになる。雌が卵を温めているとき雄が海に行って貝殻を拾ってくるという。

55　ツバメの巣の中にある小さな貝を子安貝という。雌が卵を温めているとき、雄が海岸まで行って取って来る。安産になるという。

56　ツバメの糞がかかると大きくなる。

57　ツバメが来ているときには、桐の木を焚かない。ツバメが逃げる。火事がいく。

58　飛び魚は、ヒーゴウオといい、ヒーゴ（ツバメ）が飛び魚になるという。「ヒーゴ（飛び魚）

を売りに来たら買おう」と言っていた。

59　ツバメが夕方遅くまで虫を取ると、明日は雨。

60　ツバメが水面を低く飛ぶと、明日は雨。

61　ツバメの鳴き声の聞き倣《な》し。「旦那さんの子は白いままに魚《とと》副《そ》えて食う。わしらは土ぅ食い虫ぅ食い、あと口ぁしーぶい（渋い）」。

62　濡れた手で米を量るとツミ（穀象虫）が湧く。

63　米櫃にヨモギの乾燥したものを入れておくと、ツミが湧かない。

64　米櫃に南天の乾燥したものを入れておくと、ツミが湧かない。

65　米櫃に唐辛子の乾燥したものを入れておくと、ツミが湧かない。

66　旋毛《つむじ》（ギリ）が二つある子や曲がったところにある子は意地が悪い。

67　旋毛が横にある人は意地が悪い。

68　一月六日の摘み初めに爪をつむ。それまでは爪をつまない。

69　夜爪をつむな。よいことがない。

70　出がけに爪をつまない。縁起が悪い。

71　爪を火にくべると、乾きの病になる。

72　爪をイロリにくべたらいけない。

73　爪の半月は健康のしるし。
74　梅雨に雷が鳴ると梅雨が明ける。
75　鍋の弦《つる》越し（弦の中を通って）茶碗を出すな。死者の湯灌《ゆかん》のとき、杓を弦越しに出すから。
76　庭木には、つる物を植えるな。
77　つる物がよく出来る年はよくない。キュウリのつるでも、おごらさない（繁茂させない）ようにする。
78　脛《すね》の痛いときには、ツワビキ（ツワブキ）を煎じて飲む。

〔て〕〈二五項目〉―出物、テンカン、天気……

1　提灯の太さぐらいの蛇がいて、草を倒して道がついていた。それを見た人が、えらく（しんどく）なって帰宅し、鉄《かね》を煎じて飲んだら治った。
2　手拭いを深く被る人は睦事が好き（色好き）。
3　出物（よう）が出たら、親指と人差し指の付け根を両手で合わせ、中指のギリが当たった所にヤイトウ（灸）をすえる。

4 出物が出たら、ドクダミを蕗《ふき》の葉に包んで蒸し焼きにして、患部に貼ると、膿《うみ》を吸い出す。

5 てるてる坊主を作ると明日は晴。人に言わずに作る。

6 テンが道を横切るとよくない。

7 テンカンは、泡をくって倒れるが、その泡を吸って泡が消えたら気が付く。

8 テンカンには、水テンカンと火テンカンがある。水テンカンは、水に入って死に、火テンカンは火で火傷をする。

9 テンカンの人が歩いたあとを歩いても、うつる。

10 テンカンで倒れた者は、尻で息をしているので、尻の方に回るとうつる。

11 泉山の岩が白かったら天気がよい。黒いと雨になる。

12 泉山の、のぞき岩が白くなったら天気、黒くなったら雨になる。（岩に岩茸が生えていて、天気だと縮んで裏が白く見えるという）

13 元日に天気がよいと一年中天気がよく、稲がよくできる。「藁ボウリョウ（蓑）を着いでも（着ないでも）ええわあ」と言った。

14 下《しも》の瀬（川の瀬・南）が鳴ったら雨が降る。上《かみ》の瀬（北）が鳴ったら雪が降る。（十二月末の雪の降る前ごろの季節）

15 下駄を投げ上げて、上向きになったら晴れ、下向きになったら（裏返ったら）雨。

16　木の葉が白く見えると風が吹く。
17　秋、木の葉が早く落ちると雪が早い。
18　寒《かん》の夜なぎ。（寒には、夜、雪や雨が降らない）
19　泉山の、のぞき岩の先の方に出ると、天狗が吹き飛ばす。
20　ウド坂に天狗松があった。大きな一本松だった。
21　天赦日《てんしゃにち》は、何事をしてもよい。天が許してくれる。（万事障りなしの吉日）
22　デンデン虫の黒焼きは寝小便に効く。
23　便所の虫殺しに、ヘビノナンバ（テンナンショウ）の全草を便所に入れると、センチンムシは死ぬ。
24　虫下し。ヘビノナンバ（テンナンショウ）の実を、そのまま二粒飲むとよい。
25　食い合わせ。天ぷらと西瓜。

## 〔と〕　＜一一三項目＞　―砥石、唐辛子、トウビョウ、ドクダミ、トンビ、トンド……

1　女が砥石を跨ぐと砥石が割れる。

2 砥石は貸しても人種《ひとだね》は貸すな。

3 砥石は盗むな、カネが減る。（カネは、鎌の鉄《かね》と金（金銭）を掛けたもの）

4 人が山に砥石を忘れていても、持って帰らない。

5 唐辛子は鶏の妙薬。鶏が弱ったら、唐辛子水を飲ませる。

6 唐辛子は虫薬。回虫に効く。

7 唐辛子（辛いもの）は虫除けになる。

8 唐辛子を靴の中に入れると足が温い。

9 唐辛子を貼ると温くなる。湿布薬にした。

10 妊婦が辛い唐辛子を食べると白子《しろこ》ができる。

11 妊婦が唐辛子を食べると、頭のはげた子ができる。（近くに唐辛子をよく食べる女があり、その子に白子のような子ができたという）

12 米の虫除けには、唐辛子を入れる。

13 米の虫除けには、乾燥した唐辛子を入れておく。

14 タンスの虫除けには、唐辛子を乾燥させて、タンスの中に入れておく。

15 唐辛子は魔除けになるので、幹のまま玄関に下げておく。

16 狐が憑いたら、唐辛子でいぶす（燻す）と逃げる。

17　冬至には、「ん」が二つ付くものを食べると、運が重なり運がよくなる。ギンナン、ニンジン、ナンキンなどがよい。

18　冬至に南瓜《かぼちゃ》を食べると中風にならない。

19　冬至に「ん」の字の付くものを食べるとよい。運が重なる。

20　冬至に柚子湯に入ると風邪を引かない。

21　空《から》の唐臼《とうす》、唐箕《とうみ》を回すと、鬼が出る。空のものは回さない。

22　フクダチ（薹《とう》立ち）青菜は、きついから腹あたりをする（下痢をする）。

23　道通様（蛇ともいう）が憑くとか、祟るといっていた。

24　トウビョウは、人に憑く。

25　トウビョウ（首に黄色の輪のある小さな蛇）を飼う家があり、庭に甕《かめ》があって、それにご飯を移していた。蓋は取られないといっていた。ある時、姑が出掛け、嫁にご飯を移すように言い付ける。嫁が蓋を取ると、蛇がいるので、煮え湯を注いで殺した。姑が帰宅して、「これで助かった。飼うのに困っていた」と言ったと。

26　草刈りをしていたら足が滑り、そのときクチナワ（蛇。長虫ともいう）が食いついた。みるとトウビョウだった。かまれたところが疼《うず》いた。法印に拝んでもらった。

27　八日待ち（十二月八日）には、豆腐を食べる。嘘をついていたら豆腐で、喉《のど》を火傷《やけど》する。

28 嘘をついた者が、八日待ち豆腐を食うと、喉に焼け付く。

29 糖尿病には豆腐がよい。

30 空《から》の唐箕《とうみ》を回すと大風が吹く。

31 ナンバ（トウモロコシ）の毛を煎じて飲むと、腎臓に効く。

32 ナンバの毛は腎臓の薬。煎じて飲む。

33 熱取りには、ナンバの髭《ひげ》（毛）を煎じて飲むと効く。

34 ナンバの根が高い所から出ると、大風が吹く。

35 よその家を訪ねて、表口から裏口へ通り抜けはしない。

36 大年と節分の夕方、トオシ（篩《ふるい》）を戸口に掛けておくと、悪魔が入らない。トオシは目が多いので悪魔も恐れる。

37 トカゲの尻尾は、切っても、また生える。

38 トカゲの道切りはよくない。

39 毒草でも天ぷらにしたらあたらない。

40 木賊《とくさ》は、歯の噛《か》み合わせの悪いときに磨く。

41 ドクダミの煎じたものは整腸剤。

42 食べ過ぎには、ドクダミを煎じて飲む。

43 ドクダミの花が咲き始めたころに採って、陰干しにしておく。煎じて飲むと整腸剤。最近ではドクダミ茶として利用。

44 ドクダミは出物（腫）の吸い出し。

45 ドクダミの葉を火であぶり、腫れ物の患部に貼ると膿を吸い出す。

46 ドクダミを蕗《ふき》の葉に包んで、熱灰に埋けて蒸し焼きにし、それを貼ると出物（腫）の吸い出しになる。

47 デキモノ（腫）が出たら、ドクダミを新聞紙に包んで蒸し焼きにし、化膿させる部分に塗る。化膿したら穴のないオバコ（オオバコ）の葉を揉《も》んで貼ると、膿《うみ》を吸い出す。

48 ドクダミは土用の丑の日に採ると、よく効く。

49 ドクダミは、土用の丑の日の丑の湯に入れる。

50 床《とこ》の裏壁は付けない。

51 土用の丑の日に薬湯に入ると夏病みしない。ショウブ、タコノバ（タカラコウ）の根、ドクダミ、セキショク、ヨモギなど七種類を風呂に入れ、朝から入る。

52 節分の方が本当の年取りじゃ。

53 片年を取るものではない。大年（大晦日）に年越しをした所で、節分も年越しをしなければならない。大年に家にいたら節分によそに行くな。

54 熱取りには、ドジョウの皮を貼る。

55 ドジョウは鳥目の薬。泥土（ドベという）の中にいる黒い、丸い、太いドジョウがよい。

56 栃《とち》の実を食べると中風がつかん。栃の粉を買って餅にした。

57 栃の灰汁《あく》抜きは、堅木《かたぎ》の灰でないといけない。堅木は、ナラ、クヌギ、カシなどで、良質の薪炭になる木。

58 朝、トビが飛ぶと雨が降り、昼からトビは日和になる。

59 朝からトンビは雨、昼からトンビは日和。

60 トビが低く飛ぶと雨、高く飛ぶと日和。

61 トビが空を高く舞っていると天気がよい。

62 朝、トビが鳴くと雨が降り、昼からトビが鳴くと日和になる。

63 トビ、カラスは取られない。

64 トンビとカラスが喧嘩をするのは、染め物屋が、トンビはきれいに、カラスはまっ黒に染めたから、それで怒ってカラスがトンビを追いかけているのだ。

65 トンビがつかまえた蛇を、カラスが横取りする。それでトンビとカラスが喧嘩している。

66 トンビは生き物を取るが、カラスは死んだもの、または弱ったものを取る。

67 トビは「ヒーローター」と鳴く。「何を拾うたんなら」と、子どもたちが声を掛けた。

68 飛び魚は、角な頭をしたものが、おいしい。

69 友引には葬式をしない。

70 土用の入り焼きを食べると、夏ばて（夏病みとも）しない。入り焼きは、米の粉を水で練り、あんを入れ、ミョウガの葉に包み、焙烙《ほうろく》（今のフライパン）で焼く。

71 土用の一日から五日を、一郎、二郎……五郎という。この日が天気なら豊作、雨なら不作。

72 土用の丑の日にウナギを食べると夏ばてしない。「う」の付くものでもよい。

73 着物を土用に虫干しすると、虫が付かない。

74 千人針は、寅年の人は、年の数だけする。寅は強いので、そうする。竜、虎は、力の強いものの代表なので、のちに、寅とともに辰の人も年の数だけ千人針をするようになった。千人針は、出征兵士の武運長久、安泰を祈って、女性が布に赤糸で千個の縫玉を作ったものを贈った。千人針の言葉通り、一人で一個の縫玉を作るもの。

75 寅年の人はよく働く。

76 五黄の寅は強い。強すぎて好かれない。

77 鳥は食うてもトリ食うな。トリはドリともいい、鳥の肺臓。トリには毒があるといわれる。

78 鳥は取っても巣は取らない。卵や雛は絶対取らない。

79 死者の霊は鳥になって四十九日までは屋根棟に留《と》まる。高い所から、みんなのすることを見ている。仏様の悪口を言ったらいけない。
80 夜、鳥が鳴くのはよくない。
81 白い鳥が屋根棟に止まったら、悪いことが起こる。（昔は白い鳥は珍しかった）
82 軒先に鳥が巣を作ると、よいことがある。
83 家の中に鳥が入るとよい。
84 鳥でも犬でも、家の中に走り込むものがあれば縁起がよい。
85 鳥居の上に石を投げ上げて載ると良縁に恵まれる。
86 カブトギク（サンヨウブシ。トリカブトの一種）の根を煎じて、その汁で頭を洗うとシラミが取れる。
87 シラミ退治には、トリカブトの煎じ汁で頭を洗う。
88 シラメ（シラミ）退治には、トリカブトの根を摺《す》って頭に付ける。
89 牛のシラメにも、トリカブトの根を摺って付ける。
90 トリカブトは毒花なので、つつかれん。
91 トロロ汁を食べると中風が治る。
92 一人トンドはせんもんじゃ。みんなと一緒にお飾りを焼く。トンドは小正月（一月十四～十五日）の火祭り。正月飾りを燃やす。地区の人々が、道の交差点、河原などで集まって行う。

93 トンドまで竹を切ってはいけない。
94 トンドの火は豆幹《まめがら》で焚き付ける。
95 トンドで竹が破裂する音は、鳥追い、悪魔払いという。
96 トンドの竹がドーン、ドーンとはじけると、雀（害鳥）を追い払う。
97 トンドの火に当たると風邪を引かない。
98 トンドの煙に当たると、一年中元気で過ごせる。
99 トンドの炭を付けると、頭痛にならない。（トンドのとき、飾りの焼け残りの炭を頭（顔）や、おなかなどに付けると、その部分が病気にならないという）
100 トンドの火を、こたつに入れると健康になる。
101 トンドの燠《おき》を、こたつに入れて当たると、元気になる。
102 トンドの火で線香に火を付け、ヤイトウ（灸）をすえると健康になる。
103 トンドの燠を持ち帰り、線香に付けて、ヤイトウ（灸）をすえると、よく効く。
104 トンドで焼いた注連縄の炭を額に付けると頭がよくなる。勉強ができるようになる。
105 トンドで書き初めが高く上がると、字が上手になる。
106 トンドの松の焼きさし（焼け残り）を持って帰り、床に置いておき、わさ植え（最初の田植え）の赤飯を炊くときに使う。

107 トンドで餅を焼いた竹を、カド（外庭）に立てておくと雷除けになる。餅は、少し太い竹の両側面を削って穴を開け、そこに餅をはさみ、焼く。一本の竹で二、三個焼く。

108 トンドで焼いた餅を食べると病気をしない。元気で一年が過ごせる。

109 トンドで焼いた餅を、床に供えておき、初雷が鳴ったときに食べると、雷が落ちない。夏負けしない。

110 トンドで焼いたミカンを食べると、病気をしない。風邪を引かない。一年中、丈夫で過ごせる。

111 トンドの灰を家の周りにまくと、クチハメ（マムシ）が入らない。

112 トンドのとき、テッチリコで若嫁さんの尻を叩くと、ええ子ができる。（テッチリコは稲藁を束ねて作り、形が男根に似たもの）

113 ボニ（盆）トンボは取られない。仏様が乗っておられる。

## 5．流れ星の間に三回願いごとを唱えると叶う―「な」行の俗信―

〔な〕〈一二五項目〉―苗、梨、ナス、刀豆、七草、ナメクジ、苗代、南天……

1　お墓の供え物を食べると夏病みしない。

2　苗や種をただで貰うと作物が出来ない。庭の泥でもええから持って行くものという。

3　苗子が付くと豊作になる。苗子は、ゲンゴロウの卵で苗代の苗に卵を産みつける。

4　苗取りのとき、苗床（苗代）の短冊を切ったらいけない。苗切れ（苗不足）になる。

5　種播きから四十九日目（苗日）には苗代に入ってはいけない。

6　苗日（播種後四十九日目）が来にゃあ（来ないと）植えられん。（苗取りは播種後四十九日より後にするもの）

7　苗日には、田植えをしてはいけない。その日に苗を取って、水に首が映らなかったら、その年に死ぬ。「種を播いていない人」は、取ってもよいという。四月十六日、十七日ごろに種播きする。入り播きという。

8 嫁が正月に客に行って（親許に）、長く泊まると、苗取りのとき苗の根のところに泥がたくさん付く（尻が重くなる）。

9 苗取りの最初に、苗三把取ったら、それに向かって「苗手《なえで》が痛うなりませんように」といって拝む。（苗取りをすると手首に負担がかかり関節痛になる。「苗手が痛くなる」とか「小《こ》手《で》が出る」ともいう）

10 田の畦《あぜ》越しに苗を取ると、逆子《さかご》ができる。

11 流れ星が、たくさん出たら戦争が起こる。

12 流れ星が流れている間に「流れ星」を三回唱えると幸せになる。

13 流れ星の間に三回願いごとを唱えると叶う。

14 流れ星が流れたら人が死ぬ。

15 梨の花がたくさん咲くと大風が吹く。

16 梨をたくさん食べると寝小便が出る。

17 梨を食えばカサ（瘡）ができる。

18 梨を食べると、出物やカサが出る。

19 梨の芯を食べると、出来物（腫物）が出る。

20 梨を切って怪我をしたら治らない。皮をむいていても同じ。「治ることなし」。

21　梨の皮をむいていて手を切ったら傷が治らない。
22　梨は屋敷に植えるものではない。
23　ナスは家の北にある畑に植えない。ナスはナスビともいう。
24　家の北側にナスを植えるといけない。
25　親の意見とナスビの花は、千に一つのあだがない。花が咲いたら必ずなる。
26　秋ナスは嫁に食わすな。秋ナスは、あくが多く、嫁の体によくない。種がないので子が出来ない――という。また、おいしいので、嫁に食べさせるのが惜しいからともいう。
27　末生《うらなり》りナスは食べない。
28　妊婦に、末生りナスを食べさせると、末生りのような子ができる。
29　ナスの初なりは早く取れ。早く取らないと、あとがならない。
30　お盆に供えたナスには、仏様が爪形を付ける。
31　盆には、ナスを供える。仏様が来たしるしに爪の跡が付く。
32　ナスの木は、亥《い》の子《こ》を三つ越させるな。早く抜け。（亥の子は、収穫行事の一つで、旧十月の亥の日に行われる。年によっては、十月に亥の日が三回あることもある。三回も亥の日に遭わさせるなということ）
33　オトヅイタチ（十二月一日）には、カラスの鳴かん間に、ナスビ漬けを食べる。（オトヅ

イタチのオトは最後の意。末っ子のことを「オトゴ（乙子）」という）

34 オトヅイタチには、ナスを食べる。オトヅイタチナスは漬けておけ。

35 オトヅイタチには、ナスビ漬けを食べる。何事もなすび漬け（何事もないように）と。

36 オトヅイタチには、ナスビを食う。「油気で滑って餅気で起きて何事もナスビ」という。

37 オトヅイタチにナスを食べると、川に落ちない。

38 オトヅイタチに、囲炉裡でナスの幹を焚くと、魔物に取られん。（クモが三人の娘を取りに来て、二人までは取られる。三人目を取りに来たとき、ナスの幹で叩くと、クモが死に、助かった。それがオトヅイタチだった――という話が伝わる）

39 冬至にナスビを食べると風邪を引かない。

40 苗床ナス（床ナスともいう）は、主人に食わせる。

41 床ナスは、大きゅうしたらいけない。床ナスは、ならすな。

42 苗床ナスは食べるな。（苗床で作ったナスの苗が余り、そのままにしておくと生長してナスがなる）

43 床ナスは捨てよ。食べると死ぬ。

44 イボは、ナスの蔕《へた》でなでると取れる。

45 ナスの蔕でイボをこすると取れる。イボをこすった蔕は川に流した。

46 イボには、ナスの蔕を黒焼きにして付けるとよい。

47 ナスの二つ子は、嫁に食わすな。双子が出来るから。（二つ子は、ナスが二叉《ふたまた》になっているもの）

48 ナスの夢は吉。

49 ナスビの夢はよい。曽我兄弟が仇討ちのため、富士の裾野で巻き狩りをするとき、夜明けに畑でナスの花が咲いていているのを見た。それで仇討ちに成功したから、一富士、二鷹、三ナスビの夢がよいという。

50 ナスは、二人でつつき合って食べたらいけない。引き裂くから。

51 ナズナ（ペンペン草、コゴメゼリともいう）は貧乏草で、屋根に生えたら貧乏する。

52 刀豆《なたまめ》の莢《さや》を干し、切って煎じて飲むと、心臓の薬。

53 刀豆の種を、自分のところで採種すると生えない。

54 刀豆は一本だけを植えるものではない。

55 刀豆は、弾丸除けになるので、兵隊に行くときには食べさせる。

56 出征するときには、刀豆の味噌漬けを食べさせる。必ず戻ってくる。（刀豆は、つるが垣などのエボ（先端）まで上がっても、必ず下に下がって来るから）

57 雪崩《なだれ》の間に「福くれ、福くれ、福くれ」と三回唱えたら福が来る。

58 ナツメは屋敷内に植えるものではない。病人が出る。

59 ナナカマドを家の建築に使うと、火事がいかない。水木《みずき》だという。

60 正月の七草（六日が摘み初め）までは、何も摘まれない。

61 七草がゆまでは、炊き込みや粥《かゆ》は作らない。

62 七草雑炊を食べると病気をしない。

63 七草粥を食べると健康になる。（七草粥には、積雪があるので、水辺に生えているセリは必ず入れ、その他は大根、白菜など七種類を入れた。栗、黒豆、米、干し柿、炒干《いりぼし》なども一種のうち）

64 ナノカビ（七月七日）には、七遍水を浴び、七遍着物を着替え、七遍ご飯を食べる。そうすると夏病みしない。

65 大年（大晦日）の晩、鍋敷きの黒く汚れたものを、玄関に掛けておく。一つ目がやって来て、「黒くなるほど働いたか」と言って逃げる。

66 鍋の尻に火が付けば日和になる。「爺がお茶ぁ焚く」という。

67 鍋蓋《なべぶた》の上で物を切ってはいけない。（四十九日の餅を鍋蓋の上で切る）

68 長男でない子に、一郎とか一男など長男に付ける名を付けない。（三番目〈三男〉に一男を名を付けた。太平洋戦争で上の二人が戦死して、三男の「一男」が跡継ぎになった）

69 人の名前に「ん」の字を付けると早死にする。（三平、新一郎などのように）
70 ナマコは強壮剤になる。
71 ナマコは、口に入れると固くなり、カキは軟らかくなる。
72 ナマコは包丁で叩くと固くなる。
73 ナマズが騒ぐと地震が起こる。
74 地震は、地下でナマズがはねるから起こる。
75 ナマメ筋は、魔物の通り道という。そこを通ると、気分が悪くなったり、憑き物がする。憑かれた時には、箕であおいで綱でしばく（叩く）と治る。
76 ナメクジに塩を掛けるとなくなる（溶ける）。
77 ナメクジのぬるぬるを付けると、痔に効く。
78 ナメクジを生のままで呑むと痔に効く。
79 ナメクジを生のままで呑むと血圧が下がる。
80 ツト谷に、牛の子が寝たほど雪が残ったころに苗代を踏む。
81 苗代踏みとわさ植えに、正月の縫い初めの米で赤飯を炊く。
82 苗代に蛙が卵を産むと苗が出来ない。木灰を掛けて殺す。
83 苗代田に糯米《もちごめ》の苗を植えない。四十九日の餅になる。植えるとまんが悪い。

84 苗代で余った苗を鋤《す》き込んではいけない。来年の苗が足りなくなる。
85 ナエゴ（ゲンゴロウの卵）が苗に付いたら豊作になる。
86 苗床（苗代）の畦には、小豆を植えない。四十九日の赤飯の小豆になる。
87 種籾は苗床では採らない。
88 冬至には「ん」の重なるものを食べる。にんじん、なんきん、ぎんなんなど。
89 妊娠したときには、白南天の実を煎じて飲む。風邪薬になるという。
90 妊婦の風邪には、南天の実を煎じて飲む。
91 白南天の実は風邪薬。乾燥して保存、煎じて飲む。
92 白南天は咳薬。実を干しておき煎じて飲む。
93 咳には白南天の葉を煎じて飲む。
94 熱冷ましには、白南天の実を煎じて飲む。
95 肺炎には、白南天の実を煎じて飲む。
96 腹痛には、白南天の実を煎じて飲む。
97 食べ過ぎには、南天の葉の煎じ汁を飲む。
98 食べ過ぎには、白南天の葉を煎じて飲む。
99 食あたりには、南天の葉を煎じて飲むとよい。

100　食中毒や食滞には、白南天の葉をもんで呑む。
101　毒消しには、白南天を煎じて飲む。
102　南天は毒消しになるので、重箱には南天の葉を添える。（赤飯、すし、ぼた餅など）
103　重箱に入れて贈り物をするときには、南天の葉を載せる。普通は葉の表を上にするが、葬式のときは、葉を裏返して載せる。
104　余った乳（母乳）は青草のところに捨てない。南天の根元に預けるといって流す。
105　産湯の残り湯は、南天の根に捨てる。南天は不浄除けである。
106　南天は不浄の木なので、病蚕を根元に埋める。
107　南天で作った瓢箪《ひょうたん》を六つ持っていると無病息災。（六瓢《むびょう》）
108　南天の瓢箪を、袢衣《はんこ》（半纏《はんてん》）の背中に負わせると病気にならない。
109　南天を松と一緒に植えない。「難待つ（南松）」といって、よいことがない。南天と松を植えたところ、正月に死んだというところがあった。
110　南天の箸を使うと中風がつかない。
111　南天の箸でご飯を食べると病気にならない。
112　南天の杖を突くとよい。
113　南天を枕にすると、よい夢を見る。

114 南天の木は切るものではない。
115 庭には南天を植える。難を転ずるから。
116 南天は南に植えるもの。北には植えない。
117 南天は屋敷内の南に植えるとよい。
118 南天を北に植えると病人が絶えない。
119 南天の木が少なくなると家が傾く。
120 南天が枯れたら悪いことが起こる。
121 南天が繁ると家が繁昌する。
122 南天が家の軒まで届いたら栄える。
123 南天の株が二百本あったら長者になる。
124 ナンバ（トウモロコシ）の根が高い所から出ると大風が吹く。
125 大風が吹く年には、ナンバの根が高い所から出ている。

## 〔に〕 〈六九項目〉 ―鶏、人参、ニンニク、妊婦……

1　四個の握り飯を持って旅（仕事）に出掛けない。

2　西の空が曇ると雨が降る。

3　虹の根元を掘ったら宝物が出る。

4　日蝕、月蝕は、太陽や月が病気で、外に出ると、その涙が掛かる。外には出られない。

5　日蝕、月蝕は、太陽や月が病気をしょうるんじゃから、病気が落ちてきてうつる。外に出られない。

6　下痢には、ニナ（蜷）の味噌汁がよい。

7　煮物をするときに、蓋をしないで炊いたらいけない。（死者の枕飯は蓋をしないで藁で炊く。藁灰が入って黒くなった）

8　炒干《いりぼし》の目玉（頭）を食べると魚の目が出る。

9　肋膜にはニラがよい。

10　庭木は家棟より高くするな。

11　庭には果物は植えない。なり下がる。

12　ネギの草取りをしながらでも、鶏の話をしてはいけない。ネギが嫌うから。

13　ネギ畑に鶏を入れるな。

14　鶏は、イタチが音をさせるところに近づいて行き、取られる。

15 夜尿症には、雄鶏《おんどり》のとさかの黒焼きを食べさせるとよい。

16 酉《とり》年の男は、奥さんを大事にする。（雄鶏は雌鶏《めんどり》をかわいがる。大きな虫を取ると、雌鶏に食べさせるなどする）

17 唐辛子は鶏の薬。鶏に薬として飲ます。

18 鶏に白米を食べさせると脚気になる。

19 鶏が自分の産んだ卵の殻をめいで（こわして）食べだしたら、唐津（唐津焼）をめいで（小さくして）食べさせる。

20 鶏をもらうときには、ネギを付けてもらう。尾のあるものを、もらうときには、豹尾《ひょうび》神の方角に当たったらいけない。それで、「煮て食べるから具をくれ」といって、ネギなどを付けてもらう。

21 白い鶏は飼うものではない。羽根が黒くなるから、煙を立てられない。煙を立てないと家が滅びる。

22 白い鶏は、煙を立てると煤《すす》けるから、「煙《けむ》を立てな、煙を立てな」と鳴く。煙を立てないと家は繁昌しない。だから白い鶏は飼うな。

23 黒い鶏を飼えば、まんがよい。

24 鶏はオドクウ様（土公様）のお使いである。オドクウ様の下に、鶏（雄鶏）の絵馬が掛けてあった。

25 心臓の弱い者は、鶏の胆《きも》を食べるとよい。

26 鶏が早く鶏屋《とや》に上がる（入る）と、天気になる。（鶏屋は、内庭の天井のところに作っていた。鶏が飛んで上がるか、棒に縄を巻いたものを伝って上がった）

27 鶏が遅くまで餌を取ると雨になる。

28 鶏が夕方遅くまで餌をあさっていると雨。

29 鶏が遅くまで稼ぐ（餌を食べる）と雨が降る。

30 妊婦が鶏の初卵を食べると安産する。

31 鶏は刻《とき》を知らせる。

32 鶏が夜中に鳴くと不吉。

33 夜中に鶏が鳴いたら不幸がある。

34 雌鶏が刻を告げたら不吉。

35 雌鶏が刻をつくると悪い事（死）がある。

36 鶏の鳴き真似はしない。

37 三番鶏が鳴いたら夜が明ける。

38 人参の味噌漬けを食べると七代貧乏する。

39 人参は味噌漬けにしない。

40 人参を食べると精がつく。

41 人参は万能薬。（朝鮮人参ではない）

42 人参を擂《す》って飲むと血圧が下がる。

43 梅雨人参といって、人参は梅雨に播く。

44 虫下しには、ニンニクを食べる。

45 ニンニクは虫薬。回虫がいなくなる。

46 ニンニクを食べると結核が治る。

47 ニンニクを男が食べると精力がつく。

48 ニンニク灸《やいとう》がよく効く。ニンニクを薄く切って、その上にもぐさを置いて、灸をすえる。

49 風邪には、ニンニクの汁を熱いお茶に入れて飲むと効く。

50 癌には、ニンニクの醤油漬けがよい。

51 打ち身には、ニンニクを擂《す》って貼るとよい。

52 妊婦の顔がきついと男の子、やさしいと女の子が生まれる。

53 妊婦の腹がとんがっていると男、丸く前に出ていると女の子が生まれる。

54 妊婦が牛肉を食べると、四つ足の子ができる。

55　妊婦が火事を見て、おなかを押さえると、赤痣《あざ》の子ができる。
56　妊娠中に火事を見ると、赤痣の子ができる。鏡をほところに入れておくと出来ない。
57　妊婦が葬式に出ると、黒痣の子ができる。おなかに向こう向きに鏡を入れておくとよい。
58　妊娠中に死者の顔を見ると、黒あざの子が生まれる。
59　妊婦がカマス（叺）を敷いて座ると尻のない子ができる。
60　妊娠中に、かまど（焚き口）をいらうと（修繕などをする）亥口（三つ口）の子ができる。
61　妊婦が、カマギ（叺《かます》）の上に腰掛けると、尻のない子ができる。
62　妊婦が兎を食べると、三つ口（兎唇）の子どもができる。
63　妊婦が鶏の初卵を食べると安産。
64　妊婦が箒をまたぐと産が重い。
65　妊婦が袋に腰掛けると、袋子ができる。
66　妊婦が袋を縫うと袋子ができる。（袋子は、卵膜に包まれたまま生まれる子）
67　妊婦が栗《くり》の双子を食べると双子ができる。（栗の実が二つに分かれているもの）
68　妊婦が柿を食べると冷えるのでよくない。
69　妊婦がいるとき、かまどを新しく造ると、三つ口の子どもができる。

〔ぬ〕＜七項目＞ ―縫い初め、糠……

1 縫い物をするときは、玉留めをしてから縫う。死者の衣は玉留めしない。

2 正月の縫い初めには、米を入れて二袋縫うが、苗代踏みとワサ植えに一袋ずつ赤飯に炊く。よいことがある。豊作になる。

3 ヌエが鳴くと変事がある。

4 牛に米糠をやると、子宮に脂が回って恋を（発情）しなくなる。

5 脚気には糠を食え。

6 糠を畑にふると虫がつく。

7 風呂で糠袋を使うと別嬪《べっぴん》になる。芸者は、みんな糠袋を使うという。

〔ね〕＜一三三項目＞ ―ネギ、猫、ネムの木……

1 ネギを食べると頭がよくなる。

2 ネブカ（ネギ）を焼いて食うと貧乏する。

3　ネギを焼いて食べると七代貧乏する。（ネギは貴重品で、おいしい）

4　ネギを焼くとネギが絶える。（ネギの外葉や玉ネギの皮も焼かない）

5　ネギは囲炉裡にくべてはいけない。

6　鼻詰まりのときには、ネギを小さく刻んで枕元に置いて寝ると治る。玉ネギでも同じ。

7　風邪のときは、ネギを刻み、熱湯を注いで、それを飲む。風邪薬になる。

8　長ネギと味噌は風邪の薬。

9　打ち身には、生ネギとうどん粉（小麦粉）、アマリリスの球根を叩いてつぶしたものを練って付ける。

10　仏様にはネギ類を供えない。仏様が嫌う。

11　ネギの苗を、ただで貰うと、ネギが絶える。必ずお金を払う。

12　ネギは北に向けて植えない。ネギが絶える。

13　ネギは接ぎ植えをしてはいけない。

14　ネギの草を取るときには、鳥の話もいけない。ネギは、鳥が走っても折れるほどだから。

15　ネキリムシ（夜盗虫）を畑で殺すと増えるので、畑では殺さない。

16　大猫は化ける。

17　猫は魔物である。

18　猫は魔物。化けて出る。
19　猫を長く飼うと人間を化かす。長く飼うものではない。
20　猫が大きくなったら化ける。
21　猫が大きくなったのは化け猫。
22　古猫は、化けて人を取る。
23　古猫は、化けて主人を取る。
24　猫は長く飼うな。大きくなると主人を取る。
25　猫、犬は、年がいったら人間を食い殺す。
26　古猫は主人を取るので、猫の年を尋ねられたら、必ず「三歳」と答える。
27　古猫は化けて踊りをする。
28　黒猫は魔除けになる。
29　猫を殺すと祟《たた》る。
30　猫を殺すと七代祟る。
31　猫を殺すと祟り、不幸が重なる。
32　猫を殺すときには半殺しにしない。
33　猫の死体は、石グマ（石がごろごろした土地）で、人通りのない場所に埋め、杓文字《しゃもじ》を立てておく。

34 死人のいる部屋には猫を近づけない。

35 死人の部屋には猫を入れない。

36 猫を死体に近づけないために、死人の胸の上に刀を少し抜いて置く。

37 猫を死体に近づけないために、死体の上に刀を置く。

38 死体の上を猫が通ると、死体が起き上がる。

39 死人を猫が跨いだら死人が起き上がる。

40 死体を猫が飛び越したら、死体が立ち上がる。

41 猫が死体の上を通ると死体が起き上がる。起き上がったら、箒《ほうき》で叩くとよい。

42 猫が患うばかりするので、観音堂で拝んでもらったら、豹尾《ひょうび》（神）に当たっているといわれた。

43 猫は、いつもそばにいるようでも、七遍外に出ている。魔物だ。

44 猫は家の中にいても、一日に七遍出歩く。

45 猫は一日に七軒歩く。

46 猫は一晩に七畝《うね》七谷越す。

47 猫が家を出たがると火事になる。

48 猫は、ただで貰うものではない。猫の扶持方《ふちかた》だといって、煎り干し（煮干し）や米を付けて渡すもの。

49 猫が嫌いな者は、子どもを多く産む。

50 三毛猫は福を持って来る。

51 雄の三毛猫を船に乗せると吉事が多い。

52 船頭は、三毛猫を飼っていて船に乗せる。その三毛猫が耳越しで顔を洗うと日和になる。天気を見るため猫を乗せる。

53 黒猫は、まんがよい。

54 黒猫を飼うと繁昌する。

55 黒猫を飼うと牛が繁昌する。同じ黒だから。

56 黒猫は魔除けになる。

57 猫をやるときには、子どものいない家にやる。猫は子どもを嫌う。猫の長生きは、子どもがいないから。

58 豹尾に当たる方向から猫をもらわない。

59 猫を捨てるときには、「恨むなよ」と言って川に流す。

60 猫は、悪い物を食べると、青葉を食べて戻す（吐き出す）。

61 猫は、ひげで幅を測る。ひげの幅だけあったら、どこでも通れる。

62　猫は、ひげで隙《す》き間の広さを測る。

63　猫は、ひげで隙き間を測る。ひげが掛からずに通ると体も通る。

64　猫のひげは、鼠との間隔を取るので必要。

65　猫のひげを一本でも切ると、鼠を取らなくなる。方角が分からなくなるのだという。

66　尻尾の長い猫は鼠を取らない。

67　猫は鼠にだまされて、お釈迦様のところに一日遅れで行ったので、干支に入っていない。それで鼠を追いかける。（昔話は「十二支由来」に同じような内容の話がある。「日本昔話通観」五四四「十二支の起こり―鼠の狡猾」。）

68　足の裏の黒い猫は、鼠をよく取る。

69　猫の足裏が白いものは、鼠を取らない。

70　猫は、田植えのご飯を食べないと、鼠を取らん。

71　猫は、田植えのご飯を食べないと育たない。

72　猫は寒がりで、土用の三日だけ暑いという。

73　猫がいる所が、いちばん暮らしいい場所。

74　猫は三年飼うても三日しか覚えとらん。犬は三日飼うても三年覚えている。

75　猫がいなくなった時には、猫の茶碗を伏せておくと帰ってくる。

76 猫が家から出よう出ようとすると、地震や火事が起きる。
77 財布に招き猫を入れておくと、お金がたまる。お金と一緒に外に出したらいけない。
78 山に行くときには、朝、ネコとかイタチということを言ったら、いけない。怪我をしたりする。
79 山で猫の話をすると怪我をする。
80 出がけに猫が道を横切ると縁起がよくない。
81 猫は五里行ったら戻って来れなくなる。
82 猫は死ぬ前に別れに来る。（娘が五歳ぐらいのころ、近所の猫を飼い慣らして、三か月ぐらい飼って返した。その後、何か月かして、その猫が遊びに来て、一日いて夕方帰った。そのまま猫は姿を消した）
83 猫は死ぬ前に姿を隠す。
84 猫は死んだ姿を見せない。
85 猫は死体を人に見せない。
86 猫の爪は切られん。
87 朝、出がけに「猫」ということを言ってはいけない。
88 猫に鏡を見せるものではない。
89 猫に鏡を見せると魔がさす。

90 猫に、なめられると、はげる。
91 猫がスルメを食べると腰抜けになる。
92 マタタビは猫の万能薬。
93 金魚を猫に食わせな。猫が死ぬ。
94 猫神様がある。いわれは知らない。
95 杉（旧奥津町）にある猫神様が憑いた。拝んでもらおうと法印さんに来てもらったら、憑いた人が「ニャーニャー、ニャーニャー」と法印さんにたくりかかった。法印さんが、錫杖で突いたら、ころっと憑きが落ちて、もとのようになった。
96 猫が下の方を洗うと雨。
97 猫が耳越しに顔を洗うと雨が降る。晴れるともいう。
98 三毛猫が耳のうしろから顔を洗うと雨。
99 猫が顔を洗うと雨が降る。
100 猫が騒ぐと晴れる。
101 猫が三度耳をこすると、よいことがある。
102 猫の毛を呑み込んだらヒンゴ（喘息）になる。
103 猫を食べたら喘息になる。（のどをゴロゴロ鳴らすからだろう）

104 猫の鼻の頭が乾いたら病気。

105 寝言に返事をしたら、寝ている人が死ぬ。

106 トウトウネコ（ネコヤナギ）が茂ったら大水が出る。

107 寝小便は、阿曽（旧奥津町）の御《み》子《こ》若《わか》様に参ると止む。

108 牛が熱を出したら、鼠の糞を飲ますとよい。（牛の角の根が冷たくなり、鼻の頭が乾く）

109 乳歯が抜けたとき、下の歯は屋根の上に、上の歯は床《ゆか》の下に、「鼠の歯（牙とも）と替えてくれ」と唱えて投げる。丈夫な歯が生える。

110 鼠の食いさし（食べ残し）を食べると、目が、しょぼしょぼする。

111 鼠の食べさしを食べるな。

112 鼠の穴口に杉の葉を入れておくと、鼠が入らない。

113 鼠の通り道の穴に、乾燥させた杉の葉を入れて塞ぐと入らない。

114 コンニャクの粉を壁に塗り込むと、鼠が穴を開けない。

115 鼠がいなくなると火事がいく。

116 鼠の黒焼を食べると寝小便が治る。

117 鼠の悪口を言うな。悪口を言うと必ず悪いことをする。

118 鼠は大黒さんの使いしめ（使者）だから、粗末にすると家運が傾く。

119 鼠が家にいなくなると火事になる。

120 鼠がガタガタいわせると、「悪いことをせずに、福を運んでくれ」と言う。静かになる。

121 鼠が子を作るときには、にぎやかだが、出来たら静かになる。

122 鼠が小便を掛けたら目がつぶれる。

123 寝小便は、鼠の丸焼きを食べると治る。

124 火事のときには、鼠がいなくなる。

125 鼠に毒団子をやるときには、「ご馳走をしてやろう」といってする。そう言わないと鼠は、よく聞いている。

126 鼠は、悪口を言うのを、ちゃんと聞いている。

127 鼠の尻尾をつかまえると、鼠が増える。

128 鼠の穴に、ご飯粒を塗りつけておくと、ご飯が乾いて固くなり、そこを通ると痛いので出て来ない。

129 鼠の付けあぶりは寝小便の薬。（鼠の皮をはぎ、焼いて醤油を付けて、あぶって食べる）

130 鼠をいじめると、仇討ちをしてくる。大事なものをかじる。

131 子水《ねみず》はよい。子《ね》の方向（北方）に台所を作るのはよい。戌亥《いぬい》（西北）はよいが、丑寅《うしとら》（北東）はいけない。

132 コウカイ（ネムの木）の花が咲いたら、小豆を播け。

133 コウカイの花が咲いたら鍬を投げ。（それまでは畑に小豆を植えるが、それ以降は植えない。陰《かげ》小豆といって、木の下や山の陰に小豆を植えてもできた）

〔の〕 ＜八項目＞ ―ノウゼンカズラ、ノミ……

1 ノウゼンカズラは庭木にしない。（他の木を巻いて枯らす）

2 ノウゼンカズラは、普通の家では植えるものでない。お寺に植える。

3 丑三つ刻には軒下が三寸下がるという。

4 風呂に入らないでいると、ノミやシラミがわく。

5 湿気の多い家には、ノミが多い。

6 ノミを火にくべて、パチンと音がしたら晴れ。

7 「人を呪えば穴二つ」といって、呪った人も死ぬ。

8 呪い釘は、神社の木の位置で、頭、胸、心臓などを決め、そこに打つ。穴を開けて竹釘を打ち込む。

## 6. 墓参りは一人でするな―「は」行の俗信―

〔は〕＜一三八項目＞ ―肺病、墓、履物、箸、蜂、花、ハンザキ……

1　灰は椀に一杯ずつ、毎日取っても減らない。（いろりやかまどなど。取らないでいても灰は増えない）

2　ハイコリ（サイハイラン）の根を焼いてアカギレに付ける。

3　歯痛のときには、火箸の輪を頬に当てて、まじないの言葉「アビラウンケンソワカ」を唱えると治る。（胎蔵界大日如来の真言で、一切のことが成就するという）

4　ハイトリソウ（ハエドクソウ）を根から取って来て、ご飯と一緒に摺り鉢で摺り、紙などに塗り付けておくと、ハイ（ハエ）が、たかって死ぬ。

5　肺病（結核）には、小便壺に節のままの竹の筒を一年間ぐらい入れておき、その中にたまった水を飲むと治る。

6　肺病には、黒チャボの卵や肉がよく効く。

7 肺病には、彼岸花の根（球根）を擂りつぶして、足の裏に貼ると治る。
8 墓穴は、野のものが掘らないように、棺の上が一尺以上の深さになるように掘って埋める。
9 棺の蓋を閉じるため、釘を打った石は墓の上に置き、四十九日間水を掛けると、早くよい仏様になる。
10 墓を掘って移すときには、穴のあとに、小さな藁人形を埋ける。
11 生存中に石塔（墓石）を立てると早く死ぬ。（以前）
12 生存中に石塔を立てると長生きする。（現在）
13 石塔を早く立てると、次の人が早く死ぬ。
14 お墓参りは一人でするな。仏様のとりこになって戻れなくなる。
15 法事をしたときには、法事をした人の墓しか参ってはいけない。ついでに他の墓に参ると、他の墓の仏様が、自分も法事をしてくれという。
16 墓石の頭から水を掛けてはいけない。
17 墓の供え物は、早く食べてもらったのがよい。（カラスなどに）
18 墓の供え物をカラスが食べると成仏する。食べないと成仏しない。
19 お墓の花立ての腐った水を、イボに付けると取れる。
20 墓に、ものを植えてはいけない。

21　墓にはオミナエシを植えない。（盆花は、オミナエシ、キキョウを山から採ってくる）

22　墓の花を持ち帰ってはいけない。

23　墓参りは、一人でするものではない。戻って来れなくなる。

24　歯ぎしりする人は、砥石を枕の下に敷いて寝ると治る。

25　元日に掃き初めをする。男が外から内に向けて、「福は内に入れえ、福は内に入れえ」と唱えて掃く。（掃き初めは、切り初め〈山で木を切ってくる〉をして、雑煮を食べてからする）

26　履き物は、夜に下ろすものではない。夜、どうしても下ろさなければならないときには、鍋墨《なべずみ》を塗ってから下ろす。

27　新しい履き物は、縁起の悪いときには下ろさない。

28　畳の上から履き物を履いて下りない。

29　夜、履き物を下ろすと狐がついてくる。

30　夜、履き物を下ろすと狐にだまされる。

31　大晦日の夜には、履き物を外に出しておかない。厄病神が来て履き物に判を押す。一年中患う。

32　横着もんに、ハゴイタができる。（ハゴイタは、火斑。こたつやいろりに当たると、足な

どに赤い斑ができる。温もったものを急に冷やすとできるといわれる）

33 ヒズル（ハコベラ）は、糖尿病に効く。浸し物（おひたし）にして食べる。

34 一本箸はしない。一本箸で食べるな。

35 箸で茶碗の縁を叩く音を聞くと、貧乏神が来る。

36 木と竹の箸を一膳にして使わない。（火葬で骨を拾うときに、そうする）——台所に竹と木の箸を一緒に置かないように気を付ける。間違って使ったらいけないので——。

37 山で箸を使ったら、折って捨てる。折らないと、狐や狼がついて来る。折っておくと、大きな口をしたもんがいるといって、ついて来ない。

38 移り箸をするな。おかずなど取るものを、次々に変えない。

39 箸を持っている手で汁椀を持たない。

40 もぎ箸はするな。（箸に付いているご飯粒を、口で取らない）

41 箸の元を持つと縁が遠い。

42 ご飯に箸を立てるものではない。死者の枕飯でする。

43 土用の入りに、ハゼ（ハゼノキ）の葉で団子を包んで焼き、それを食べると、ハゼに負けない（かぶれない）。土用の入りの焼き団子を入り焼きという。

44 雨降りのとき、ハゼの木の下を通ると、負ける（かぶれる）。

45　スズメバチなどの巣を玄関に飾っておくと、よいことがある。食い込む（集める）ので、よいという。
46　スズメバチなどは、秋になると、子を巣から、くわえ出して捨てる。
47　スズメバチに刺されたら死ぬ。
48　蜂は口笛を吹くと逃げる。
49　蜂が近づいたら口笛を吹くと逃げる。
50　蜂が襲ってきたら、「私ぅ刺いたら子を取るぞ」と言うと刺されない。
51　蜂に刺されたら、渋（何の渋でもよい）を付けるとよい。
52　蜂刺されには、小便を掛ける。
53　蜂刺されには、ヨモギをもんで付ける。
54　蜂刺されには、お茶の葉をもんで付ける。
55　蜂刺されには、お茶のあくを付ければよい。
56　蜂刺されには、歯糞を付ければよい。
57　蜂刺されには、タマネギの汁を付ければよい。
58　蜂刺されには、カボチャを切って塗ればよい。
59　蜂に刺されたらハチ草（ヨモギでもよい）を、もんで付ければよい。

60 蜂に刺されたら、ツバ（唾）を付けるとよい。
61 ミツバチに刺されたら神経痛が治る。
62 オニカの蜂（成虫・クマンバチ）は、強壮剤。唐揚げにして食べる。
63 蜂の子は強壮剤。
64 蜂の子は精力剤。男の人は元気になる。
65 蜂の巣（スズメバチなど）を粉にして飲むと腎臓に効く。
66 蜂蜜は、のどが痛いときに効く。
67 合口《あいくち》には、蜂蜜を付けると治る。
68 口の中の荒れには、蜂蜜を付ける。
69 蜂蜜を飲むと、のどによい。
70 心臓病には蜂蜜がよい。
71 便秘や下痢には、蜂蜜を湯に溶かして飲むとよい。
72 神経痛には、薄荷《はっか》を生で、もんで付ける。
73 土蜂（アワイという）の子を取るのは、満月がよい。子がいっぱいになっている。
74 満月の夜には、蜂の子が入っていない。
75 蜂が巣をした家は、火事がいかん。

76　蜂（スズメバチ、クマンバチ）が破風に巣をすると一番よい。繁盛する。

77　蜂（スズメバチ、オニカ）が家に巣を作ると身上《しんしょう》がよくなる。「集めてくる」という。

78　スズメバチなどが巣を作ると繁盛する。取ると家運が衰える。

79　スズメバチやオニカが、家に巣を作ると、よいことがある。

80　蜂の巣が下の方にあると大風が吹く。

81　蜂が高い所に巣をすると風が吹かない。低い所にすると風が吹く。

82　蜂の巣が低いと台風が多い。大きい台風が来る。高いと台風が来ない。

83　蜂が高い所に巣を作ったら台風が少ない。

84　蜂の子飯には、秋ナスを入れるとあたらない。

85　はったい粉（麦こがし）を、こぼすと、ノミが増える。

86　はったい粉をこぼしたら南京虫がわく。

87　脚気には、はったい粉。

88　初物を食べて東に向かって笑うと、七十五日生き伸びる。

89　初物を食べると、七十五日長生きする。

90　ハデバ（稲干し架）の竿は、竹と木を接がない。火葬の骨を拾うとき、木と竹の箸を用いるので。

91 ハデバの三股は、竹と木をいっしょに使わない。（死後に枕飯を炊くとき、竹と木の三股で炊くから）

92 鳩が、豆を播いているのを見ると、食べに来るから、夕方、鳩が見ていないときに畦豆《あぜ》を植える。

93 一本花は挿すものではない。引き裂いても二本にして挿す。（死者に一本花を挿す。枕飯のヘリの花瓶に花を一本挿す）

94 仏様の下がり花は、飾り花に使ってはいけない。捨てるもの。

95 墓に花を植えない。死に花が咲くという。

96 仏様や神様に昼から花（午後に採った花）を立てるな。花は午前中に採りに行くもの。

97 昼から花は立てない。気違いになる。

98 日帰り花は挿すものではない。墓に供える花枝（シキミ）は、採ってきて、その日には立てない。何日か前に採って来る。

99 仏様には莿《とげ》のある花は立てない。

100 墓には、花を植えるな。

101 花の種は盗んできてもよい。

102 花（生花《なまばな》）を頭に挿すと気違いになる。

103　病気の見舞いには、植木鉢の花は「寝つく」といって、病気が長引くので、持って行かない。
104　子どもの名に花の名はよくない。
105　針が立ったとき、鼻の膏《あぶら》を付けると、水が入らないので化膿しない。
106　鼻血が出たら、うしろ首の根元を三回叩くと治る。
107　鼻血が出たらオナクド（うしろ首の根元）を叩くと止まる。
108　血圧の高い人には、ハブ茶がよい。
109　利尿剤には、ハブ茶がよい。
110　婚礼には、必ず蛤《はまぐり》を出す。夫婦仲よう一生二つが合っていますように。
111　デズ（羽虫）が出ると雨が降る。
112　羽虫が飛ぶと雨が降る。沢山飛ぶと大雨になる。
113　出ず（普通出掛けない人）が出ると、雨が降る。
114　破風に「水」の字が書いてあると、火事がいかん。
115　早肩が頭にのぼったら死ぬ。（早肩で死んだ人があり、納戸から火の玉が出たということを聞いたことあり）
116　観音堂（観音寺）で拝んでもらった腹帯をすると安産する。
117　腹帯は、五か月目の戌の日に巻く。

118 野バラの実は下痢止めの薬。
119 仏様にバラの花は供えない。仏様の足を葥《とげ》が刺す。
120 仏様にバラの花は立てない。葥がある。
121 バラは屋敷内に植えない。葥がある。
122 季節はずれの花（返り咲き、狂い咲き）は、よくない。
123 子どもの、おなかが痛いときには、おなかを手でなでながら、「屁になれ、ばば（糞）になれ、菜畑の肥になれ」と唱え、ぽんと叩くと治る。
124 腹痛のときには、「屁になれ、ばばになれ、ナンナ（菜葉）の肥になれ」「屁になれ、ばばになれ、菜畑の肥になれ」「屁になれ、ばばになれ、前田の肥になれ」と唱えて、腹をなでると治る。
125 バラン（葉蘭）は屋敷内に植えない。「バラン、バランと一つ葉」といって嫌う。
126 女は、どこへ行くのにも針を持って行く。悪い人に出会ったら相手の首筋に針を立てる。
127 針千本（海産の硬骨魚。体表が長いとげでおおわれている）を玄関に下げると魔除けになる。（ふぐ提灯や飾り物にする）
128 春財布といって春に財布は買うと金がたまる。秋に買うと、お金がたまらない。
129 春の日は暮れそうで暮れない。

130 ハンザケ（オオサンショウウオ）は、雨降りに逃げる。地面が濡れているので、ヌタヌタ（粘液）を出して逃げる。

131 ハンザケは、頭を平《ひら》たくして、隙間から逃げる。頭が出ると体も出る。

132 ハンザキ（オオサンショウウオ・ハンザケともいう）は、湯を掛けてから料理して食べる。（現在は、特別天然記念物なので、捕獲、飼育、食用などはできない）

133 ハンザキが食いついたら星を見るまで離さん。

134 ハンザキが食いついたら月を見るまで離さん。雷が鳴るまで離さんともいう。

135 ハンザキは、腹下しの薬になる。味噌汁にして食べる。（ハンザキは首根っこをつまむと食いつかない。ハンザキは煮え湯を掛けると皮がむける。三股をこしらえて、ハンザキを吊るし、下で藁火を焚くと白い脂が出る。脂を出してから食べる）

136 下痢には、ハンザケの味噌汁がよい。

137 肺病（結核）には、ハンザケの味噌汁がよい。

138 ハンザキは肺病の薬。

〔ひ〕〈八六項目〉―火、ヒイラギ、ヒガンバナ、ヒキガエル、ビワ……

1 子どもが火遊びをすると寝小便をする。

2 火をたびたびつつくと、「火せせり、ぼぼ（女陰）せせり」という。その人は好色だという。火をつつくな。

3 火が燃えにくいときに、「ええ女房、小《こ》女房、大きゅうなれ」と唱えると燃え出す。

4 正月の火を燃え付かせるとき、火を吹いてはいけない。豆殻で焚き付ける。

5 正月一日、二日、三日は、火吹き竹を使ったり、吹いて火を付けない。田植えに風が吹く。

6 ヒイグサ（ヒユ）は、盆に曽孫が浸し（おひたし）にして供える。

7 ヒイラギは辰巳に植えるもの。

8 ヒイラギは庭に植えない。

9 ヒイラギは魔除けになるので、門口に植える。

10 ヒイラギの枝を玄関に掛けておくと魔除けになる。

11 ヒイラギの枝に、焼いたイワシの頭を刺して、入り口に立てておくと悪病にかからない。

12 ヒイラギが玄関の右手に植えてあると、悪魔が入らない。

13 歯ぐき（歯ぐしという）が腫れると、ヒール（蛭）に血を吸わせる。

14　肩こりのときには、ヒールに血を吸わせる。

15　ヒールは出物（腫れ物）の吸い出しにする。（羽出には、ヒールはほとんどいない。A家には、ヒールを飼っている田があった。吸い出し用）

16　ヒールを出物のところに着けて吸い出しをする。奥津には、普通にはヒールがいないので、里の方でヒールを入手した。

17　彼岸の終わりの日には、お墓参りをしない。

18　ヒガンバナ（キツネバナともいう）の球根は、肋膜炎に効く。擂りつぶして胸に貼る。

19　ヒガンバナの球根は、腫れ物に効く。擂りつぶして上に貼る。

20　ヒガンバナの球根は、擂って足の裏に貼り付けると、脛の痛みにも効く。

21　ヒガンバナの球根を擂り下ろして、布に塗り湿布する。

22　ヒガンバナの球根とメリケン粉（小麦粉）を練って、足の裏に貼ると、腹膜や肋膜に効く。油のような小便が出るという。

23　ヒガンバナの球根を付けるとイボが取れる。

24　ヒガンバナは、彼岸に必ず咲く。

25　ヒガンバナを採ると手が腐る。

26　ヒガンバナは毒花。食べると死ぬる。

27 ヒガンバナは狐が好きな花で、採ると狐に化かされる。
28 ヒキガエルがいると、マムシがいない。ヒキガエルは大事にせよという。
29 ヒキガエルは、家の守り神である。
30 家にヒキガエルがいると、まんがよい。
31 ヒキガエルにさわると指が腐る。
32 ヒキガエルの小便が足にかかると、足が腐る。
33 人が亡くなるのは引き潮、人がお産のときは満ち潮の時である。
34 引き潮の時に出来た子は弱い。
35 飛行機雲が出来ると雨。
36 あほうが山の曽根で日を暮らす。（秋の季節。秋の日は早く暮れる）
37 肱《ひじ》つき飯をするな。
38 正月三日は朝早く戸を開ける。毘沙門様が金《かね》を持ってきてくれる。
39 丑寅の方角では火を焚かれない。
40 左利きは器用。
41 左膳はいけない。仏様の時は左膳。（左膳は、ご飯が右、汁が左）
42 横膳はいけない。日光膳の足が、横向きになる位置の膳。横膳は左膳と同じ。

43　左巻きをするな（糸巻きなどで）。葬式のとき、出棺で左回りをするから。
44　未女に申男は相性がよい。未女に寅男は結婚がよくない。
45　未女に寅男はよくない。よいときには非常によいが、悪いときには、ひどく悪い。
46　未女は、きれい好きなので、百姓家では嫌う。商売人にはよい。
47　名月のとき、月の人影を踏むものではない。
48　雛荒らしに行って、大きい子が先に入ると雨が降る。小さい子から入るもの。
49　雛飾りは、三月四日にはしまう。遅れると、娘の結婚が遅れる。
50　一日、十五日に桧の枝を神棚に供える。（榊があっても桧の枝でする）
51　火の玉が出たら人が死ぬ。（Kさんが死んだとき、鍋蓋のような大きさの青い火の玉が飛んで大柱〈羽出地区の地名〉方向に行った）
52　死体から橙色の火の玉が出て、寺の方に飛んで行く。
53　火の玉は夏の夜に、よく飛んだ。蒸し暑い夜が多い。花火のように散った火の玉、お月様のように雲のところへ飛んだ火の玉を見た。
54　火の玉に出会うと死ぬ。
55　子どもが火の付いた枝を振り回すと寝小便をする。
56　ヒバリは、巣のある場所から、まっすぐに飛びたたない。巣が分かるから。

57 火吹き竹は二つ節がないといけない。

58 火吹き竹で人を叩かれない。火吹き竹は大事なものなので。

59 ヒマワリはお日様の方向を向かないと花が咲かない。

60 百姓初め（一月十一日）は、よその家が行かんまに田に行かねばならない。よそより負けたらいけない。

61 一月十一日の百姓初めには、苗代（ノードコ＝苗床＝という）を鍬で、左「の」の字に打ち、実の付いたフクラシ（ソヨゴ）を立てる。豊作になる。フクラシは実が付いたものでないといけない。

62 看病している人が、無性に眠くなると、その病人は死ぬ。

63 空《から》屏風は立てるな。必ず手拭いでも掛ける。（死者を北枕に寝させ、顔は西に向け、屏風を逆さまに立てる。屏風には何も掛けない。それで、いつもは空屏風にしない。）

64 日和雨は狐が嫁入りしている。

65 ヒラメは親をにらんだために、背中に目がある。

66 ヒロレ（カンスゲ。ヒルリともいう）は、二百十日が過ぎれば、手を叩いただけで抜ける。

67 二百十日が来んまに、ヒロレを採ると大風が吹く。（まだ実が入っていない。）

68 ヒロレの花粉が目に入ると、目がつぶれる。

69　ビワはお花としては用いない。
70　ビワの葉のお茶は高血圧の薬。
71　ビワの葉を便所に吊るすと中風にならない。
72　アセモには、ビワの葉を煎じた汁を付けると治る。
73　腎臓病には、ビワの葉を煎じて飲む。
74　ビワは屋敷内には植えない。魔の果物だという。ビリビリするともいう。
75　ビワは屋敷内には植えない。屋敷の外には一本は植えるもの。
76　ビワの木から落ちたら命がない。
77　牛や山羊がアセビを食べると中毒になる。ビワの葉を食べさせるか、煎じて飲ませると治る。
78　山羊、牛が毒のもの（アセビなど）を食べたら、ビワの葉を煎じて飲ませると治る。生の葉でもよい。
79　牛のコジタには、ビワの葉に味噌を付けてやると治る。（コジタ〈小舌〉は、牛が咳く症状。舌の奥にかゆいものができるから咳くという。羽出ではビワがほとんどない。葉を使うために植えているところがある）
80　ビワの葉を陰干しにして、煎ってお茶にして飲むと腎臓炎に効く。
81　ビワの種を蜂蜜に浸けたものは強壮剤。

82 ビワの葉を焼酎漬けにしたものを飲むと、痛み止めになる。

83 ビワの葉を火であぶって、こすると、油が出てつるつるする。その面を患部に貼ると痛み止めになる。

84 痛み止めには、ビワの葉を火であぶり、よくもんで患部に貼る。神経痛にも効く。

85 貧血には乾燥ヨモギをお茶がわりにして飲む。

86 貧乏ゆすりをすると貧乏神が来る。

## 〔ふ〕〈六二項目〉 —フキ、フクラシ、フクロウ、藤、ブト、ブリ、風呂……

1 夜、笛を吹くと魔が寄る。

2 フキ（蕗）の根を摺《す》って出た汁を産後の子どもに飲ますと胎毒が出る。

3 生まれた子に、フキの根を叩いた汁を吸わせると、毒を出す。

4 赤子の毒（胎毒）を下ろすのは、フキの根を叩いて、ガーゼに包んで汁を吸わせる。

5 瀬音のせんとこ（しない場所）のフキがよい。（ふの項2～4に用いるフキ）

6 フキにまたがってはいけない。子どもに最初に吸わせるものだから。

7　フキに小便をかけてはいけない。子どもに最初に吸わせるものだから。
8　フキをむいた皮に女が跨がると、婦人病になる。跨がらない。
9　切り傷には、フキの葉をもんで付ける。傷口が大きいときには貼る。
10　咳、痰には、フキの根を煎じて飲む。
11　咳、痰には、フキのとうの味噌を薬にする。
12　フキなどのあく抜きには米糠を入れる。
13　フキは薬になるから屋敷に植えるもの。
14　二番ブキは取らない。
15　六月ブキ（旧暦）は食べるな。虫が入っているとか、ハミ（マムシ）が歯を立てているという。
16　「ミョウガめでたや、フキ（富貴）繁盛」といって、フキは繁盛するので必ず植える。
17　フグ中毒で死にそうになった時には、首だけ出して土に埋めると治る。（羽出でも、その例があった）
18　フクラシ（ソヨゴ）の実が、たくさんついていると豊年。
19　正月飾りのフクラシに赤い実がたくさんなっていると、豊作になる。縁起がよい。
20　フクラシは正月飾りにする。「福らしい」と縁起がよい。実が多いものがよい。
21　正月の年棚（米俵など）の上にフクラシを立てる。正月の神様が、そこに来られる。

22　門松は三日のもの。門松はフクラシと松を立てる。正月三日間、昼にご飯を供える。木になすり付ける。四日の朝撤去する。昔、人が来て門松に寄りかかって死んでいたので取るという。

23　門松は正月四日の朝、取り去る。住職が四日から年頭に来る。住職の目に刺さったらいけないので取るという。

24　フクロウを取ってはいけない。

25　フクロウが鳴くと不吉。米一升を持って、観音堂に拝んでもらいに行った。

26　フクロウが「糊付け干《ほ》せー」と鳴くと、晴れる。

27　フクロウが鳴くと日和になる。「ノリツケホーセー　糊付け干《ほ》せー」と鳴く。

28　フクロウが鳴くと天気になる。「糊付け干《ほ》せえ」「ボロキテホーコーセー（ぼろ着て奉公せえ）」と鳴く。

29　妊婦が袋に腰掛けると、袋子ができる。

30　妊婦が袋を縫うと、袋子ができる。

31　藤など下がるものを庭木にすると、まんが悪い。

32　藤は屋敷に植えてはいけない。からみつくという。不治の病がつく。

33　藤の実を食べると血を吐いて死ぬ。

34　藤の実を、たくさん食べると、血を吐いて死ぬ。瀬音のしないところの実はよい。（焼いて食べると、おいしい）
35　山で藤の実のはじける音を聞くと、まんが悪い。
36　藤の花が咲いたらイダ（ウグイ）が擦る。（ウグイが産卵できるようにするため、川底の石を除き、砂だけにしてから産卵する）
37　藤の葉をお茶にして飲む。干して炒って、お茶にする。
38　果物の双子を食べると双子ができる。
39　仏具を新調したら新仏ができる。（法事か何かでないと、普通のときは、仏具を替えない）
40　新三郎（大型のブユ。春、早く出る）が出ると暖かくなる。
41　ブト（ブユ）に食われたら塩を塗るとよい。
42　ブトに刺されたら、爪で血をしぼり出すと治る。
43　ブトが出ると雨が降る。
44　ブトが、たくさん出ると雨が近い。
45　ブトが、たくさん出ると雨になる。
46　ブトが柱になる（「餅を搗く」ともいう）と、雨が降る。
47　ブトが筒状に群がって上下に動くと、雨になる。

〈注〉戦後、（昭和二十年代の初め）進駐軍が毎年のように、泉源の奥をはじめ、谷川にＢＨＣを流した。水にＢＨＣを溶かして白濁液を一升びんに入れて流す。それでブトが出なくなった。ブトは、きれいな水に発生するので、そうしたのだ。その結果、魚もいなくなった。川の水は飲用水でもあったので人体にも影響が出たはず。今日なら大変なことになったと思う。

48 ブトは、きれいな水にできる。戦後の昭和二十一、二十二年ごろ、進駐軍がブトを退治するため、川上の泉源（千軒）の一番奥から、川にＤＤＴを流した。その年はブトがいなかった。しかし、民家には井戸がなかったので、その川の水を住民は飲んだ。

49 ブドウの種を呑み込むと盲腸炎になる。

50 屋敷内にブドウを植えると、よくない。

51 妊婦がブドウを食べると、ブドウ子（ブドウ状奇胎）ができる。

52 ブリは出世魚といって縁起がよいので、正月には必ず買う。

53 三月ブリはミミズが入っている。（身の中に白いミミズ状のものが入っている）

54 初雛（三月節供）には、ブリを買う。出世するようにと出世魚のブリを買う。祝ってくれた人を招待して、ご馳走する。ブリもご馳走する。

55 ブリの尻尾を玄関に打ち付けると、魔除けになる。

56 ブリの目玉を食べると、先見えがようする（見通しがよくなる）。
57 大年（大晦日）の晩には、一つ目のものが来るので、玄関に篩《ふるい》（トウシという）を掛けておく。目が多いので一つ目は恐れて逃げる。普段は、トウシは外に置かない。（一つ目は、山の神の姿であろうか）
58 大晦日の夜は、玄関に篩《ふるい》（トウシという）を出しておく。魔物が来て、目がたくさんあるので恐れて逃げる。
59 篩など目の多いものを玄関に置くと魔除け。
60 新風呂で、ぼたもちを食べると中風にならない。五十歳を過ぎた人を招いて、ぼたもちを振る舞った。
61 風邪を引いたら風呂に入らない。
62 分家が本家より上《かみ》に家を立てると、本家が落ちぶれる。

〔へ〕 ＜一二三項目＞ ―へそ、蛇、便所……

1 おなかが痛いときには、ヘイトウシ（薬草）を煎じて飲む。

2 へその緒は、氏名など記して半紙に包み、大切にしまう。死に病《やまい》のとき煎じて飲むと助かる。

3 へそのごまを取ると腹が痛くなる。

4 ヘチマの水は火傷によく効く。ヘチマの汁で湿布をする。

5 蛇に指を差すと、指が腐る。

6 蛇を指差すと指が腐る。指差したら、その指を誰かに切るように叩いてもらう。

7 親指の爪で、蛇の腹が切れる。

8 親指の爪は摘まない。蛇が来たとき、親指を立てておくと、蛇の腹が切れる。

9 親指の爪は摘むな。大蛇に出会ったとき、親指を立てると、蛇の腹が切れる。大蛇を見たら親指を立てる。大蛇は人の頭上を飛び越えるから。

10 蛇には金物《かなもの》は毒。

11 山に行くときは、女は髷《まげ》に針を刺して行く。蛇が近寄って来ない。蛇除け、魔除けになる。

12 山に行くときは、鎌を持って行く。金物は蛇に毒。

13 蛇（ネズミトリ）は屋敷の守り神で、殺してはいけない。家の中にいて白くなっている。

14 蛇は家の主。ネズミトリで白い蛇だ。

15 屋敷内の蛇は殺さない。煙草のやに（脂）を吸わせて捨てに行った。

16 蛇は湯を掛けて殺す。叩いて殺さない。

17　蛇は執念深いので半殺しにはしない。
18　殺した蛇を川に流すと大きくなって帰ってくる。
19　蛇を殺すと、必ず連れ合いの蛇が出てくる。
20　蛇を殺すと祟る。
21　羽出神社のカラスヘビを殺して、罰《ばち》が当たったことがあった。
22　蛇の尻尾には、お医者さんがいるので、尻尾を殺さないと生き返る。
23　蛇が道を横切ると縁起が悪い。逆によいことがあるともいう。
24　蛇が道を横切るのを朝見たら、まんが悪い。「朝験《あさげん》をしまう」という。
25　山へ行くときには、味噌、味噌漬け、味噌むすびを持って行かれん。蛇が目をさす（目をつける）という。
26　歯痛のときには、死んだ蛇をさがしてきて、自宅の庭に埋めると治る。
27　歯がうずくとき（歯痛）には、蛇の死んだのを見付けてきて葬って（埋めて）やると治る。
28　蛇を生き殺しにすると、連れ合いが、よう看護せんと怒り歯痛にする。それで蛇の死骸を見付けたら埋ける。
29　歯の痛いときには、治してくれと、蛇の死骸を埋める。
30　蛇が卵を呑むと、木から落ちて卵の殻を割るという。

31 カボチャは冬至までに食べるもの。年越しをすると中から蛇が出る。
32 カボチャを年越しさせると蛇になる。
33 蛇は夜、光る。
34 赤い模様の蛇に咬まれると治らない。
35 蛇は、海に千年、山に千年、川に千年棲むと竜になって天に昇る。
36 蛇が木に登ると雨が降る。（雨が降る前に蛙が木の枝に登る。蛇が、蛙を取りに登るという）
37 蛇が木から落ちると雨が降る。
38 山で大蛇を見ると、えらく（しんどく）なる。その時には鉄《かね》を煎じて飲むと治る。（提灯のような太い蛇がいて、通った跡は草が倒れていたという）
39 水神様の祠の戸に三つの穴が開いているのは、蛇の出入り口の穴である。水神様の使いしめ（使者）は蛇である。その穴から出入りする。（図参照）

40 白蛇は神様の使いしめだから殺さない。
41 お宮の蛇は、神様の使いしめ。（小学生のころ、一年下のTちゃんとお宮に行くと、鳥居のところに黒蛇がいる。Tちゃんが追いかけて殺す。翌日、水浴びに誘いに行くと、「黒い蛇がたたってへそが膿《う》んだ。

痛うて泳ぎに行かれん」と言った。蛇が祟り、てきめん罰《ばち》があたった。)

42 白い蛇は、まんがよい。

43 蛇の夢を見ると、金《かね》が入る。その日は、よいことがある。

44 蛇の夢は縁起がよい。家が繁盛し、金持ちになる。大きい蛇ほどよい。

45 蛇の夢で、とぐろを巻いた夢は、よい夢だ。

46 蛇の夢を話すと、夢の効き目がなくなる。

47 家の中に白蛇がいると金持ちになる。

48 家の中に白蛇の皮があると金持ちになる。

49 白蛇の鱗を財布の中に入れておくと金が入る。

50 蛇の衣《きぬ》(抜け殻)を財布に入れておくと、金がたまる(金持ちになる)。

51 ヘビ年の人は、お金に不自由しない。

52 蛇の抜け殻を一匹分、たんすに入れておくと、金持ちになる。衣装に困らない。

53 蛇の衣《きぬ》をたんすに入れておくと、着物が増える。

54 蛇の衣を、たんすに入れておくと、衣装持ちになる。(昔、Tさんという人が大阪に出たとき、三宅のおばあさんが、Tさんのたんすに白蛇の衣があったので、頼んでもらい受ける。それから三宅酒造店が繁盛した)

55 蛇が家の中に入ると、よいことがある。

56 蛇の侵入を防ぐのに鉄製の物を置いておく。

57 四月八日のお釈迦様の甘茶で「茶（チャ、ちゃ）」の字を書き、縁側などの柱に逆さに貼っておくと、蛇が入らない。

58 蛇が倉の中にいると、金がたまり、物持ちになる。また、火事が起こらないという。

59 蛇を飼えば金持ちになる。

60 家に大きな蛇がいるのは主である。主は目に見えない。衣《きぬ》だけは脱いでいるが、蛇を見ることはない。

61 トウビョウを飼うと金持ちになる。

62 トウビョウは憑く。殺したら祟る。トウビョウは黄色い首玉のある小さな蛇。

63 骨皮道通《どうつう》といって、道通様が憑くとやせる。道通様の使いしめは蛇である。

64 クズカズラを割くと蛇が寄ってくる。

65 グズモカズラ（葛《くず》かずら）を割くと蛇が寄って来る。（割く音が蛇の鳴き声に似ているという。呼ばれたと思って出てくる）

66 山に一人で行き、グズモカズラを割いたら、蛇が来るので、割いたらいけない。

67 カズラを燃やすと蛇が来る。

68　笛を吹くと蛇が寄ってくる。
69　夜、家の中で口笛を吹くと蛇がくる。
70　ホオズキを、夜、鳴らすと蛇がくる。
71　春一番に、チョウチョ（蝶）に出会ったら足が早く、蛇に出会ったら足がのろくなる。
72　最初に蛇に出会ったとき、ワラビを足に塗ると、足が早く走れる。
73　最初のワラビを足に塗ると、マムシにかまれない。
74　山椒の匂いがしたら、クチハメ（マムシ）がいる。
75　マムシに咬《か》まれない唱え言。「我が行く手に錦まだらの虫おらば、山立姫《やまたつひめ》に知らせよう。（「山立姫に言うて聞かせん」ともいう）アビラウンケン、アビラウンケン、アビラウンケン」（「アビラウンケンバザラザトバン、アビラウンケンバザラザトバン」とも）と唱えてから山に入る。（山立姫はイノシシのこと）
76　クチハメ（マムシ）は、目を離すと逃げる。見ている間は逃げない。
77　足半《あしなか》草履を履くと、マムシに咬まれない。
78　山へ行くときは、鎌を持って行く。鎌を持っていると、蛇が嫌う。
79　蛇は鉄を嫌う。山へ行くときには、必ず鎌を持って行く。
80　蛇がつるんで（交尾して）いるのを見ると、まんがよい。

81 蛇がつるんでいるのを見ると験《げん》がよい。金運に恵まれる。

82 クチハメが、つるんでいるのを見ると、験がよい。

83 クチハメが交尾するときには、縄のように綯《な》ってする。それを神棚に供えると、お金がたまる。交尾中のクチハメは食いつかない。

84 蛇がつるんでいるとき殺すと祟る。子どもが出来なくなる。

85 蛇がつるんでいる（交尾している）のを石を落として殺した。子どもが出来ないので、観音寺で拝んでもらったら「蛇がたたっている」と言われた。

86 クチハメが交尾しているときに二匹とも殺した。子どもが生まれないので拝んでもらったら、蛇が二匹現れた。それで子どもが出来ない。

87 蛇に煙草のやに（脂）を付けると、蛇の体が腐る。

88 煙草のやにを蛇に付けると腐る。煙草のやにを蛇に食わせると棒のように硬くなる。

89 蛇の来るところ（家のぐるりなど）には、煙草のやにを撒く。煙草のやにが蛇に付くと腐る。

90 蛇の侵入を防ぐために、煙草のやにを撒いておく。

91 津山市の福力荒神《ふくりきこうじん》様の砂を撒くと、蛇が家に入らない。（福力荒神様は、マムシ除けの神）

92 トンド（小正月の火祭り）の灰を、家の周りに撒いておくと、蛇が入らない。

93 マムシは強壮剤。乾燥した骨を焼いて食べる。

94 マムシの骨を焼いて食べたり、粉にして呑むと強壮剤。たくさん食べると鼻血が出る。
95 クチハメの肝を呑むと元気になる。
96 クチハメの焼酎漬けは、強壮剤。
97 クチハメの皮を干したものを、酒か焼酎でもどして、できもの（腫）に貼ると、膿《うみ》を吸い出す。腫れたときには熱を取る。昔はできものがよく出ていた。
98 クチハメを鉄《かね》で押さえたら腐るので、焼酎漬けには出来ない。鉄でなく木で押さえなければいけない。
99 クチハメの骨が立つと肉が腐る。
100 蛇の皮を煎じて飲むと熱取りになる。
101 ヘビイチゴは食べたらいけない。毒がある。（毒はないが、おいしくないので食べないともいう）
102 女は山で昼寝をしてはいけない。女陰に蛇が入る。
103 女が野で小便をすると、蛇が目をさす（目をつける）。
104 女は山で小便をしない。蛇が女陰に入る。
105 ご飯がおいしいという評判で、繁盛している店があった。台所をのぞくと、釜の蓋に穴が開いており、ご飯が煮えだすと、穴から蛇がのぞく。それをすごいて（扱《しご》いて）引き上げていた。蛇の飯だったので、おいしかったのだと。――こんな話を聞いたことがある。
　秋田県から来た人が、ネズミトリ（蛇）を山ウナギといって食べていた。

106 七畳半の部屋はまんが悪い。

107 便所を、いつもきれいにしていると、美しい子が生まれる。

108 便所の神様は盲目なので、入るとき、戸を叩くとか、声を掛けるなどしないと衝突する。一人が出たら、一旦、戸を閉めて、次の人は開け直して入る。

109 便所に入るときには、咳払いをして（または声をして）入る。黙って入ると便所の神に衝突するから。（昔の便所は、こも垂れ〈入り口に、こもを垂らしたもの〉だった）

110 便所に行ったら便所の神様にお礼を言って出る。

111 夜中に便所に行ったときには、「今日限りにしてください」と便所の神に頼むと、翌日からは、夜中に便所に行きたくならない。

112 便所に裸足《はだし》で入ると、便所の神様に叱られる。

113 便所には裸足で入らない。（便所には、大きな草履が置いてあった。大人も子どもも使えるように）

114 便所に裸足で行くと病気になる。

115 裸で便所に入ると腹痛になる。

116 裸で便所に入ると腹にがりがする。S家のおっさんが裸で便所に行ったので、腹にがり〈激痛〉で死んだ。

117 裸で便所に入るとワキガ（腋臭）が出る。

118 便所で、ものを食べると口が臭くなる。

119 便所に手拭いをかついで入らない。出るときには「ありがとう」と拝んで出る。

120 便所で鼻をかんだり、痰《たん》をするな。

121 大晦日の晩には、一年に一度だけ、便所の神に灯明を上げる。

122 便所にはまると名前を替える。

123 便所は、丑寅、未申、西の方角はいけない。

〔ほ〕〈七〇項目〉―箒、ホウレンソウ、ホオズキ、星、ホタル、仏……

1 箒《ほうき》は燃やすものではない。燃やすときには、形を変えたらよいといって、壊してから燃やした。

2 死者が立ち上がったときに、箒で叩くと元に戻る。それで箒では人を叩かれない。

3 箒で人を叩くな。亡者が立ち上がったときに箒で叩くとよい。

4 座敷箒を逆さに立てると、お客が帰る。

5 箒を跨いだらいけない。内輪喧嘩が絶えない。

6 ホウキ草（ホウキギ）を植えると貧乏する。

7 ホウキギ（山に生えている）の葉を和え物にして食べると、シャク（癪）にならない。（シャク＝さしこみ。胸部、腹部に起こる激痛）

8 玄関に赤い紙を貼ると、疱瘡《ほうそう》（天然痘）が入らない。

9 貧血には、ホウレンソウを食べる。

10 ホウレンソウは貧血に効く。

11 ホウレンソウを食べると、目がよく見えるようになる。

12 ホウレンソウを食べると、頭がよくなる。

13 入学式には、ホウレンソウを食べさせる。頭がよくなる。

14 霜焼けには、熟れたホオズキの汁を付ける。

15 ホオズキは腹痛の薬。

16 ホオズキはチリゲの薬。子どもに食べさせる。

17 ホオズキの実を煎じて飲むと虫下しになる。

18　後産が出ないときには、ホオズキの根を煎じて飲む。
19　ホオズキを便所に吊るしておくと、婦人病にならない。
20　ホオズキの芯を出すときの唱え言葉。「シングリデエデエ、シングリデエデエ」と唱えると、うまく出る。
21　ホオズキの種を出すときに、「シングリ出え出え、早う出たら○○を買うちゃるぞ」と唱える。
22　朴《ほお》の木の花びらで酒を飲むと中風にかからない。（花びらは、杓子のような形をしている）
23　朴の木は割木にしない。焚き木にしない。
24　口のへりのホクロは、いやしボクロで、食い卑《いや》しい（いじきたない）。
25　目の下のホクロは、涙ボクロで、涙もろい。
26　耳のびく（耳たぶ）にあるホクロは福相。
27　首のうしろにホクロが出来たら、衣装ボクロで、衣装がたまる。
28　ボケ（木瓜）を植えると、ぼけ（惚け）ができるといって、屋敷に植えない。
29　ボケを屋敷に植えると、惚《ぼ》ける。
30　流れ星のあいだに「流れ星」を三回唱えたら難を逃れる。
31　流れ星があると不吉なことが起こる。

32 箒星（彗星）があるとガシン（饑饉《ききん》）になる。

33 箒星があると戦争が起こる。

34 ホコリタケが目に入ると盲目になる。

35 三つ星が傾いたら夜なべをやめる。（十一月三日から稲こぎが始まり、夜なべが始まる）

36 三つ星様の天秤が下がっていたら豊年。上がっていたら不作。（「今年の天秤は、ようしわっとる〈たわんでいる〉けえ豊年じゃ」と言った）

37 お月様のすぐ近くに星があると、人が死ぬ。

38 お月様の笠の中に星があると雨が降る。

39 月が笠をかぶり、その笠の中に星が一つあったら一日天気がもち、二つあったら二日天気がもつ。

40 風邪には、干し柿を食べるとよい。柿の皮を干したものでもよい。

41 冬、干し菜（大根葉を干したもの）を煎じた汁を風呂に入れると、体が温もる。

42 炭窯《すみがま》を造ったとき、甲掛けぼたもちを食べないと、甲が落ちる。（甲を掛けたとき、祝いに、ぼたもちを甲に供え、食べる）

43 庚申様は、赤い顔をしておられるので、赤いぼたもちを供える。

44 新しい風呂の一番風呂に入り、風呂の中で、ぼたもちを食べると中風にならない。

45　カワニナが多いとホタルが多い。

46　ホタルが家の中に入ると雨が降る。

47　ホタルが蚊帳の中に入ると雨が降る。

48　ホタルが家の中に入ると梅雨が明ける。

49　ホタル取りで、「ほっほっホタル来い。あっちの水ぁ苦いぞ、こっちの水ぁ甘いぞ」と唱えると、ホタルが近づいてくる。

50　ホタルが下の方で光っているのは、クチハメ（まむし・蛇）の目が光っているのだ。ピカピカしない光は蛇の目。

51　ホタルブクロ（チョウチンバナという）に虫が入ると雨が降る。

52　盆には仏様がボニトンボ（アキアカネ）に乗って来る。

53　盆の十三日に、仏様にナスを供える。仏様の爪痕がナスに付く。仏様が来た数だけ付く。

54　盆に仏様に、ナス、ソウメン一把、ササゲ（長いもの）、山椒を供える。ササゲは仏様が土産を担《にな》う負い子に用いる。ササゲを「負い子の手」という。

55　盆（十三〜十五日）に、小草を干さない（干し草をしない）。仏様の足にもつれるから。干しさし（半乾き）でも干さなかった。

56　一人で仏様を送られない。仏様について行くことになる。

57 仏送りは橋の上《かみ》側から流す。下《しも》側から流したらいけない。ロウソクや線香は下側の欄干につける。

58 仏送りをしたら、うしろを向いたらいけない。振り向くと仏様が名残惜しくてついて来る。

59 仏様の下がり飯は、跡取りに食べさせる。

60 一月十六日が仏の口開け。それまでは仏様を祀らない。

61 仏様の花は午前中に上げるもの。

62 仏様は黄色の花が好きなので、黄色の花を高く、白い花を低くさす。

63 仏様には、莿《とげ》のある花（アザミ、バラなど）をあげてはいけない。

64 仏様には、莿のあるものは供えない。

65 ホトトギスが鳴き出したら山芋が芽を出す。

66 山芋の芽が出るころにホトトギスが来る。

67 ホトトギスは「弟来たか」と鳴く。昔話「ホトトギスと兄弟」がある。

68 ホトホトの晩（小正月）に、月影に人の首がなかったら、その人の寿命はない。

69 新しく作った石塔（墓碑）は、坊さんに性根を入れてもらうまでは、縄で括っておく。そうしないと他の仏が入る。

70 ホンダワラに実（気泡）がたくさん付いていると豊作。

# 7．枡を洗ったら雨が降る──「ま」行の俗信──

〔ま〕　〈八六項目〉　─枕飯、マタタビ、松、マムシ、豆……

1　枕飯は食い茶碗（死者が食べていた茶碗）で一杯分の米を、洗わずに炊く。炊き上がって、ご飯が茶碗に山盛りになったら、死者は「欲のない人だった」という。すり切りだったら「欲な人だった」という。

2　枕飯は嫁が炊くもの。木と竹で三叉を作って炊く。一把の藁（稲藁）で炊く。

3　枕飯を炊いた鍋は捨てる。

4　枡を洗ったら雨が降る。

5　混ぜ飯（五目飯）の底《しき》つきは、嫁に食わすな、娘に食わせ。（おいしいから）

6　人の股をくぐると背が高くならない。

7　マタタビは猫の万能薬。

8　マタタビは猫の薬。何でも効く。

9 マタタビは猫の薬。死にかけても生き返る。
10 マタタビ酒は万病に効く。強壮剤。
11 マタタビ酒を飲むと元気になる。
12 腎臓病には、マタタビの焼酎漬けがよい。マタタビの焼酎漬けは何にでも効く。
13 松は天気のよい日には滑る。(「雨降り柿に日和松」といい、よく滑る。木に登るのに気を付けろという)
14 松の木は湿気を呼ぶので座板にはしない。
15 庭の松の木を横に這わせるのはよくない。(横に這わせて、よくないことが起こった家がたくさんある)
16 松を横に這わせない。家が続かない。(ある家で松を横に這わせていたが、家を畳んで村外に出た)
17 松は南に植えない。南松は「難待つ」になる。
18 松の木は、屋敷の南に植えたらいけない。「難待つ」という。(南に植えて死んだ家があった)
19 天狗松(天狗が止まって休むという松の木)は切ってはいけない。陣山にあった。
20 墓には松を植えない。死人を待つという。
21 五葉の松は後家の松といって、後家になるので植えない。お寺に植えるものだ。

22 三鈷《さんこ》の松（葉が三本）の松葉を財布に入れておくと金持ちになる。（弘法大師が中国で修行中、三鈷を日本に投げたところ、高野山に届いた。黒い犬が案内してくれて見付かった。そこに生えたのが三鈷の松である。久世〈真庭市〉の大師堂にもある。高野山では犬を大切にする）

23 門松が倒れると不幸がある。

24 嘘をつくと尻に松が生える。

25 松葉をかめば歯痛が治る。

26 松葉を煎じて飲むと血圧の薬。また、松葉を乾燥し挽いて粉にして飲むと血圧の薬。

27 アカギレには、松脂《まつやに》を割れたところに焼け火箸で溶かして入れる。（「にやし込む」という）

28 松葉や松の木を養蚕の炉の燃料にしたら、よい蚕ができる。

29 子どもの着物の紐には、飾りに松葉形を縫う。お守りである。

30 一つ身の着物には、背縫いのかわりに松葉の形をした背守《せまも》りを付ける。

31 マッチ一本粗末にしたら、米十六粒を捨てたと同じことである。

32 窓越しに物をやりとりしない。

33 間引き菜を食べると元気になる。

34 間引き菜を食べると髪の毛が抜ける。

35 間引き菜を食べると涼しくなる。

36 ママコ菜の四つのイボは、継母が継子の手に熱い煮豆を載せて火傷をさせたあとだ。

37 クチハメ（マムシ）にかまれたら、真綿でさぐる。歯が引っ掛かるので取る。取った歯を紙の上に置くとはねる。それが目にとび込んだら危い。血管を通って心臓に行くと命が危い。

38 マムシにかまれたら、歯を抜いてもらう。専門の人（男）が苫田ダムの水没地（久田）にいた。真綿で抜く。抜いた歯が動いていた。細い髪の毛の小さいようなもので、ぴんぴんとはねていた。

39 マムシを鳴かす（半殺しにする）と、鳴き声で、たくさんのマムシが出てくる。

40 山に行ったり、田の草を取りに行くときには、マムシにかまれないまじない「わが行く手に錦まだらの虫おらば、山立姫《やまたつひめ》に知らせよう。アビラウンケンソワカ」と三回唱えたら、絶対、目の前にマムシが現れない。（蛇も虫の一つ。マムシは錦の模様をしている。山立姫はイノシシ。イノシシは、マムシを食べる）

41 「アビラウンケンソワカ」を三回唱えると、マムシが逃げる。

42 マムシにかまれないまじない。「わが行く先に錦まだらの虫おらば、山立姫に知らせよう。アビラウンケンバザラザトバン」と唱える。（「アビラウンケンバザラザトバン」は、大日如来の真言）

43　マムシにかまれたら、墨を塗る。墨を塗ると、マムシの歯が動かない。かまれた所に、早く、ぐるっと塗る。それから歯を抜いてもらう。歯が動いて血管から心臓に行くと死ぬ。

44　マムシにかまれると、錦まだらの模様が出る。

45　角《つの》結びの草履を履くと、マムシにかまれない。

46　山椒のにおいがしたら、クチハメ（マムシ）がいる。

47　マムシがいると、女の化粧のにおいがする。

48　ワラビの汁を足や手に付けると、マムシ除けになる。

49　ワラビの汁を塗り付けると、クチハメにかまれない。ワラビのにおいがすると、クチハメが食いつかない。

50　ソバの花が咲いたら、クチハメが食いつく。（マムシはソバの花が咲く頃に子が出来る。卵胎生なので子どもが口から出るとき、歯が邪魔になるから歯を抜くため人をかむという。キイーッといってかむ）

51　クチハメの子は、腹から出がけでもとびつく。

52　クチハメを押さえたとき鳴いたら、連れを呼んでいるのだ。いくらでも出てくる。以前、鳴いたとき石垣から五、六匹出てきた。

53　クチハメを取るとき、鉄《かね》では押さえない。押さえると、その部分が黒くなり、焼酎漬けにならない。

54 マムシを取るとき、鉄で押さえると薬効がなくなる。

55 ヒキガエルが家にいると、マムシが来ない。

56 ヒキガエルはマムシを食う。

57 火傷にはマムシの皮の表の方をつけるとよい。

58 マムシの皮の内側は吸い出しになる。

59 クチハメ（マムシ）の骨は強壮剤。焼いて食べる。あまり食べると鼻血が出る。（一度に骨を二センチばかり食べる）

60 クチハメの骨は、骨の病をしたものに効く。

61 津山の福力荒神《ふくりきこうじん》様の祭り（一月一日～三日）で砂をいただいて帰り、家の周りにまくと、マムシが入らない。お札を門守りに貼る。福力荒神様は、マムシ除けの神。

62 クチハメの骨を囲炉裡《いろり》では焼かれない。ロックウ様（土公神）のばちが当たる。風呂の下（焚き口の火）で焼いた。

63 肺病（結核）には、クチハメの骨を焼いて食べるとよい。強壮剤である。

64 肺病にはクチハメの肝を呑むとよい。

65 マムシの肝を呑むと元気になる。

66 クチハメの骨を食べると骨が強くなる。
67 クチハメの骨は肺炎に効く。
68 クチハメの皮を貼ると熱取りになる。
69 切り傷には、クチハメの皮（干したものを水で戻す）を貼ると、切り口が治る。
70 でき物（腫れ物）に、マムシの皮を貼ると吸い出す。
71 マムシの皮（干したもの）を酒に浸して、でき物に貼ると治る。
72 中耳炎には、クチハメの皮（外側）を貼る。冷やすのでよい。
73 ヘビナンバ（マムシグサ）は虫下し。粒をつぶして飲む。
74 ヘビナンバの実を煎じて飲むと虫下しになる。生のままでもよい。（回虫駆除）
75 正月料理には、マメ（健康）で暮らせるようにと、黒豆を炊く。
76 節分には、豆まきの豆を年の数だけ食べる。健康になる。
77 節分には「福は内、鬼は外」といって豆をまく。魔除け。
78 津山の徳守《とくもり》様の豆まきで豆を拾うと、福がある。
79 大晦日や節分の豆まきには、炒った豆をまく。炒らない豆だと、外にまいた豆（鬼）に芽が出るから。
80 黒豆は、のどの薬（煮汁）。

81 黒豆を食べると（煮汁を飲むと）よい声が出る。

82 百日咳には、淡竹《はちく》の葉と黒豆を煎じて飲む。

83 豆は二粒ずつ播け。夫婦連れのうておらねばならん。

84 秋厩《あきまや》のにおいは、嫁にかがすな。（秋の厩肥《まやごえ》は、よいにおいがする）

85 厩肥を田や畑に振る（散布する）とき、素手でつかむと別嬪《べっぴん》になる。

86 マンサク（タニイソギとか、ババコロシという）がたくさん咲くと豊作になる。

〔み〕 〈八〇項目〉 ―箕、ミカン、味噌、蓑虫、ミミズ、ミョウガ……

1 箕《み》の先から物を取ってはいけない。（葬式のとき、墓から帰って箕の中の塩で清めるが、箕の先の方から取って清める。手箕《てみ》ともいう）

2 葬式のとき、箕に塩を入れて戸口の外に置いておく。墓から帰ったら、その塩で清める。

3 箕を外向きにして戸口に置かれない。（葬式のとき、墓から帰って清める塩を箕の中に入れて置くから）

4 ミカンの皮を干して風呂に入れると、風邪を引かない。

5　ミカンの皮の干したものを風呂に入れると、体が温もる。

6　ミカンの皮を煎じて飲むと風邪薬。

7　ミカンを焼いて食べると風邪薬になる。

8　ミカンを焼いて食うと神様に叱られる。

9　ミカンの皮を刻んで苗代《のうしろ》にふると虫がわかん。（乾燥したミカンの皮）

10　ミカンの皮を畑に入れると虫がつかない。

11　夏ミカンの皮を便所に入れると虫がわかない。

12　ミカンの双子を食べると双子ができる。

13　下痢止めには、ミコシグサ（ゲンノショウコ）を煎じて飲む。

14　寒《かん》の水は、腸《はらわた》になる（元気になる）。

15　ナメラ水を飲むとあたる。牛はあたらないので、「モーッ」と言って飲めばよい。（ナメラ水は、岩盤の上を伝って流れる水）

16　家には、水木《みずき》を必ず一本は使う。火事がいかない。

17　棟木《むなぎ》には水木がよい。火事がいかない。

18　ミズスマシ（水神様という）に小便をかけると、チンポが腫《は》れる。

19　六日の山上様《さんじょう》の日には、水肥《みずごえ》（湯殿肥《ゆどのごえ》ともいう）を取ってはいけない。それ以前に取って

おくもの。（水肥を担いでいると、「山上様が来たか」と言われていた）

20 ツチ（犯土《つち》）には味噌を搗かない。（暦の庚午から丙子までの七日間を大つち、戊寅から甲申まで小つちという。土を犯してはならない）

21 味噌を焼いて食べると七代貧乏する。

22 便所で歌をうたうと味噌が腐る。

23 下手な歌を歌うと味噌が腐る。

24 味噌をおかずにすると七代貧乏する。

25 味噌の中に柚子《ゆず》を切らさんように入れておくもの。切らしてはいけない。後産が出ないときに柚子の種を飲ませる。

26 火傷には味噌を付ける（味噌を塗る）。

27 味噌が腐ったら、まんが悪い。

28 味噌が腐ると、よいことがない。

29 味噌豆を煮たら、味噌団子にして神様に供え、必ずみんなで食べる。

30 味噌豆は三里先に行っても戻って食べるもの。（味噌豆を煮ているといって、継子を入れて煮ていたという昔話がある）

31 味噌を捨てるとよくない。

32　生理のときは味噌を搗かない。搗いても手を出さない。
33　家に不幸があったら味噌を搗かない。
34　日帰り味噌はよくない。
35　鼻血のときには、ミソクボ（首のうしろ）を手刀《てがたな》を切るようにして叩くと治る。
36　ミツバチに刺されると神経痛が治る。
37　ミツバチが夕方まで働くと翌日は雨。
38　三つ叉を組むとき、竹と木を一緒に使わない。（死者の枕飯を炊くとき、木、竹、鍬の柄で三つ叉を組んで炊く）
39　死後、枕飯を炊くときには、竹と木で三つ叉を作り、それに鍋を下げて炊く。三つ叉を組むときには、竹と木をいっしょに使わない。
40　ヘビ年（巳年）の人は、お金に不自由しない。
41　南風は雨を持ってくる。
42　蓑虫《みのむし》が鳴く。「蓑虫のような形をするな」という。
43　蓑虫がたくさん付くと大雪になる。
44　蓑虫の皮は、指を怪我《けが》したときかぶせると傷が治る。
45　朝右、夕左といって、耳がかゆいと、よいことがある。

46 寝小便には、ミミズの黒焼きを食べると治る。

47 ミミズを煎じて飲むと、よい声が出る。

48 ミミズに小便をかけると、おちんちんが腫《は》れる。ミミズ腫れする。

49 ミミズに小便をかけると、おちんこが腫れる。ミミズを洗ってやると治る。

50 ミミズに小便をひっかけると、チンポがミミズ腫れになる。ミミズを洗って泥に埋めてやると治る。（チンポなどが腫れたときには、小便をしたと思われる野外の場所でミミズを掘り出して洗って元の場所に埋めると治る）

51 ミミズに小便をかけたときには、つばをはきかければよい。

52 野原で小便したときには、つばをはきかける。ミミズに小便がかかっていてもよいから。

53 おちんちんが腫れたら、ミミズを洗って元に戻すと治る。「洗うてやるから、治《なお》えてくれえ」という。（ミミズは、どこの場所のものでもよい）

54 ミミズが出ると天気がよくなる。

55 ミミズが出ると梅雨が明ける。

56 ミミズが土の上を這うと梅雨が上がる。

57 ミミズが表を這い出したら梅雨が明ける。

58 ミミズを煎じて飲むと熱冷ましになる。（原爆にあい、高熱が続いたとき、ミミズを煎じ

て飲んだら熱が下がったという話を聞いたことがある）

59 ミミズは熱冷まし。ひどい熱のときに煎じて飲む。

60 ミミズを干したものを煎じて飲むと熱取りになる。（昭和十年ごろ、腸チフスが流行したとき、ミミズを煎じて飲ませた。熱が下がった）

61 風邪の熱には、ミミズを煎じて飲ませると治る。

62 熱取りには、ミミズの皮を貼る。

63 ミミズを鯉にやると、鯉の怪我が治る。

64 ミミズは鯉の薬。鯉が弱ったり、おげ（カビ）がわいたときなどに食べさせると効く。

65 寝小便には、ミミズの黒焼きがよい。

66 ミミズの鳴き声は、鉄瓶で湯を沸かすときの音に似ている。（ヒューールルルー、ヒューールルー）

67 「〇〇がなくなったら、どうしよう」と言うと、「ミミズのようなことを言うな」と言っていた。（昔話「ミミズと土」が背景にあるようだ）

68 背縫いのない宮参りゴウなどの祝い着は、いけない。それで飾りをする。

69 ミョウガは彼岸の仏様のご馳走である。

70 ミョウガを屋敷に植えるものではない。

71 ミョウガの根で子どもを下ろす。
72 破傷風のとき、ミョウガの根をすって飲む。
73 ミョウガの茎を刈って干し、それを縄になって部屋の中に張り渡し、土用の丑の日に、それに着物を掛けて干すと虫がつかない。
74 ミョウガの茎を刈って干して縄にない、その上に着物の虫干しをすると虫除けになる。
75 ミョウガは薬になる。土用の入り焼きのミョウガの葉も食べる。
76 土用の入り焼きの日に、ミョウガの葉で餅を包んで焼く。それを食べるとケンビキが治る。（ケンビキは、農作業などで肩や手など体の各部位が痛くなり、疲れがひどいこと）
77 ミョウガを食べると物忘れする。
78 ミョウガをたくさん食べると、あほう（馬鹿）になる。ミョウガは、あんごう（あほう）が死んだところに生えたと伝える。
79 ミョウガをたくさん食べると物忘れをする。
80 ミョウガを食べると物忘れをする。あほうになる。

## 〔む〕 〈一二三項目〉 ―ムカゴ、ムカデ、麦飯、むすび……

1　ムカゴは彼岸（秋）に仏様に供える。ムカゴ飯にする。（ムカゴは山芋の珠芽）
2　ムカゴ飯は、彼岸の仏様のご馳走である。
3　八朔には、ムカゴを食べる。
4　八朔は鳥追いの日といって、ムカゴご飯を作る。
5　卯月八日に、お寺で甘茶をいただいて帰り、それで墨をすり、「茶」（チャ、ちゃ）の字を書いて柱の下部に逆さに貼るとムカゼ（ムカデ）が来ない。奥の間の上がり口の柱の下に貼った。
6　ムカデは、毘沙門様の使いしめ（使者）だ。
7　ムカデは毘沙門様の使いで殺してはいけない。煮え湯を掛ける。（お大師巡りのとき、ムカデが出て踏もうとしたら、「踏んだらいけない」と言われた）
8　ムカデが出ると雨になる。
9　中耳炎には、生きたムカデを種油の中に浸けておき、その油を垂らす。
10　耳だれには、ムカデを種油に浸けて、その油を耳の中に一滴垂らすと治る。
11　ムカデを殺すときには、湯を掛けて殺すもの。
12　ムカデを一匹殺すと、連れ合いの百匹が出る。

13 ムカデに刺されたら歯糞を付けると治る。

14 彼岸過ぎての麦の肥、二十歳《はたち》過ぎての娘のしつけ。（遅すぎる例え。彼岸過ぎて麦に肥料をやると、麦がほやける〈葉ばかりになる〉）

15 ムギウラシ（山蝉）が鳴き出したら、麦が熟れる。

16 脚気には麦ご飯がよい。

17 糖尿病には、麦飯がよい。

18 ムクゲは仏様の花。屋敷内には植えない。

19 三代婿が続けば分限者になる。

20 一つ結びはするな。

21 味噌を付けて焼いたむすびを山に持って行くと、蛇が目をつける。（よい香りがするから）

22 若年様のむしろ（正月の祭壇に用いるむしろ）は、三枚目（織り始めてから）でなければならない。（正月に飾る年棚には新しいむしろを用いる）

23 牛の皮膚病に、ムラサキゲンマ（ムラサキケマン）をすって汁を付けると効く。茎を折ると赤い汁が出る。

〔め〕〈一八項目〉―飯、メベイトウ……

1　目にごみが入ったとき、右の目だと左の頬の裏をべろ（舌）でなする。左の目だと右の頬の裏をべろでなするとごみが取れる。
2　夫婦は濡れ落ち葉がよい。引っ付いて離れん。（「あの夫婦は濡れ落ち葉のようなもんじゃ」と、夫婦仲の良いのを言う）
3　朝、お茶かけご飯をすると、まんが悪い。
4　朝、汁かけご飯をすると、まんが悪い。
5　一杯飯は食わぬもの。縁起が悪い。
6　「一杯飯を食べると、榎《えのき》の下がくぐれない」といって、「ご飯を二杯、三杯食べるように」客にすすめる。
7　飯は杓で一盛りだけで、つがない。三回位でつぐもの。
8　ご飯をつぐときや汁をつぐとき、逆手に持たない。
9　ご飯を二人で取ると仲たがいをする。（ご飯を釜から、お櫃に取るとき）
10　ご飯を食べて、すぐ横になると牛になる。（牛になってはいけないと言って、三歩歩いてから横になっていた）

11 ご飯をこぼすと目がつぶれる。

12 メベイトウ（麦粒腫・メボイトウともいう。ホイトウは物乞いのこと）は、麻の実を三粒呑めばよい。

13 メベイトウは、へその中に塩を入れると治る。

14 メベイトウが出たら大豆を黒く焼き、左目なら左手（右目なら右手）で雨石（雨垂れ石）のところを掘り、左手で（右目なら右手）、その豆を置き埋める。「この豆が生えるまで出てくれな」と唱える。

15 メベイトウが出たら藁すぼ（藁しべ）で括り、「ホエトウ、ホエトウ、出てきたら焼いちゃるぞ」と唱えて、括った藁すぼを焼く。パチンとはじけたら治る。

16 メベイトウが出来たら、「出て来い、出て来い、括っちゃるぞ」と唱えながら、藁すぼで三つ結ぶ。その藁すぼを火にくべて、パチンと音がしたら治る。

17 メボイトウが出たら、藁すぼで括り、それを囲炉裡で焼いて、パチン、パチンと音がしたら治る。

18 メボイトウと言ったら十出るので、「ホイチ」という。藁すぼではさんで、火に焼いてペチンと音がしたら治る。

## 〔も〕〈六八項目〉―餅、糯米、籾、桃、盛り飯……

1 モックク、モクレン、モクセイの三種は、庭に必ず植えるもの。縁起がよい。

2 モクレンは、つぼみが北に向く。それで方角を知ることができる。

3 十二月二十八日は餅を搗かない。火事がいく。八百屋お七が火付けをした日だから。

4 二十八日（十二月）には餅は搗かない。火早いという。

5 八日餅（十二月二十八日に搗く）はいけん。火事がいく。

6 二十九日は餅を搗かない。苦餅になる。（三十日は一夜餅でだめ。大体二十五日に搗く）

7 正月餅は男がするもの。女は手出しをしない。

8 正月餅を搗くとき、米を蒸すのにヌリダ（ヌルデ）を焚くと、湯が減らない。

9 餅を搗くとき、米を蒸すのは、ヌリダの木を使う。

10 正月餅の米を蒸すときには、ヌリダを焚く。釜の水が早くなくならない。他の木で焚くと釜が割れる。（餅搗き用のヌリダは、一週間ほど前に切り、割っておく。シャラシャラとよく燃え、やわらかい火だ）

11 正月餅の米を蒸《うむ》すとき、ヌリダの木で焚くと水が減らない。

12 正月餅の米を蒸すとき、かまどの火がゴーッと音をさせたら、その年（次の年）には大風が吹く。

13 正月餅の米が、うまく蒸《うみ》ないときには、悪いことが起きる。

14 日帰り餅は搗くな。（米を浸した、その日に搗くな。四十九日餅＝四十九日の法要の餅＝は、そうする）

15 餅を搗くとき、その日の一升浸《が》しはするな。（四十九日のとき、その日に米を浸して一升だけ搗く）

16 一升餅は搗くな。（四十九日の法事の餅は一升餅で、四十九個の餅を作る。何回も数えて必ず四十九個にする）

17 一臼一升の餅は搗かれない。

18 正月餅を搗くとき、杵を担いで家を出入りするな。

19 正月餅を搗くとき、「四」「し」という言葉は使わない。

20 正月餅を搗くとき、「猿」という言葉を使わない。

21 正月餅を搗くとき、臼の下には必ず藁を敷く。藁を敷かないで餅を搗かない。

22 臼の下に敷いた藁は、牛の厩に入れないし、牛にもやらない。

23 臼の下の藁を草履や下駄で踏んではいけない。特別の藁靴（餅搗き草履）を履いた。餅搗き草履は、即席で作る。スリッパのようなもの。

24 セッカイ（餅搗きのとき、餅を臼からすくい上げる棒）は、焼いてはいけない。

25 正月餅にカナブクロ（気泡）が出来ると金持ちになる。縁起がいい。

26 餅にカネブクロ（カナブクロともいう）ができると、来年は金《かね》がぎょうさん（多く）入る。縁起がよい。カネブクロは、つぶさない。

27 餅を二人で切ると、必ず仲たがいをする。

28 正月餅は一人で切るもので、二人とか何人かで切るものではない。四十九日餅でそうするから。

29 餅は二人で切らない。物を取り合うのは、死者の衣を縫うとき。

30 正月餅は数えるものではない。四十九日餅は、四十九個になるように何回も数えるから。

31 供え餅は、一つ、二つと数えない。一《ひと》ムカエ、二《ふた》ムカエ、三《み》ムカエと数える。

32 年桶の餅（大きい供え餅）は三臼目、ほかの供え餅は五臼目に取る。一臼目や偶数の臼では取らない。

33 正月に、アンビン餅（餅の中にあんこを入れたもの）を作るな。でもの（腫れ物）が出る。（アンビンを作らないで、コドリ＝トリコとも＝を作る。餅のまわりにあんをまぶしたもの）

34 正月餅ではアンビンは作らない。あんごう（馬鹿）ができる。

35 餅を並べた上を、跨いではいけない。

36 正月に栃餅を食べると中風がつかない。
37 搗きたての餅は焼くものではない。
38 餅搗きの後片付けは男がするもの。
39 正月の餅搗きが終わると、藁箒《わらぼうき》を屋根に投げ上げる。高く上がるほど豊年。穂が下に向くと豊年になる。（藁箒は餅搗きのとき、臼を濡らすもの。一握りほどの藁を荒くなったもの。下図参照）
40 餅搗きをして、臼や杵に付いた餅は、干し菜（大根の葉を干したもの）で洗うと、すぐ取れる。
41 搗き終わった臼は、明き方に倒す。臼の下の敷き藁も明き方に捨てる。
42 怪我《けが》には餅を食べたらいけない。
43 火傷《やけど》には餅を食べたらいけない。
44 できもの（腫れ物）には、餅を食べたらいけない。
45 餅に塩を付けて食べない。（四十九日の餅は鍋蓋の上で切って塩を付けて食べる）
46 生餅は食べない。
47 正月のお供え餅に、月経の女は手を出さない。穢れているから。

藁箒

48　餅は、女が跨《また》いではいけない。

49　ホトホトの餅を食うと夏病みしない。（小正月の晩に、子ども、青年、厄年の人などが変装して家々を訪ね、ホトホトと縁側などを叩き、盆に銭つなぎや稲藁で作った馬などを載せて置く。家の人が銭つなぎなどを取って、餅を盆に入れてくれる。それをいただきに行くと、水を掛けられることがあるから、用心深く行く。変装した姿は、正月の神の姿である）水を掛けるのは、厄払いだという。

50　夏の餅は犬も食わぬ。

51　秋の祭りが来ると、餅がうまくなる。

52　亥の子には必ず餅を搗く。小餅十二個（閏年は十三個）を一升枡に入れ、臼の中に置いて祭る。杵を臼の上に置く。（亥の子は十一月の亥の日に行う収穫祭）

53　ジャジャ豆は、大晦日の夜作り、年神様に供える。崩れると縁起が悪い。（米の粉を水で溶き、黒豆を煎ったものにまぶす。山状に形を作り、三方に入れて年神様に供える）

54　葬式のお供えに持って行く重（重箱）の餅は、重の形《かた》が付かなければならない（大きな餅にする）。前日に搗く大きい餅。

55　四十九日の餅をもらったら、鍋などの蓋の上で家族の数だけに切り分け、何も付けないで食べる。平生は蓋の上で、物を切らない。

56　餅のカビは風邪薬。餅にカビが生えたものは食べてもよい。
57　誕生《たじょう》の物選びで、子どもの将来を占う。ソロバンは商売人、筆は勉強好きなどと。
58　苗代には、糯米《もちごめ》を植えない。四十九日の餅になる。
59　苗床（苗代）には糯米は植えない。四十九日のものになりたいという。
60　櫟《くぬぎ》の芽が出たら籾を播く（泉源）。
61　ツト谷山に牛が寝たほど雪が残ったころに、籾種を播く（四月十五、十六日ごろ）。
62　ブナの木に鳥が止まったら籾を播く（二軒屋）。
63　欅《けやき》の芽が出たときに種籾を播く。
64　汗疹《あせも》が出たら桃の葉を煎じて風呂に入れて入ると治る。煎じて飲んでもよい。
65　発疹が出たら桃の葉、皮を煎じて付ける。
66　八つの葉の紅葉《もみじ》を食べると頭がよくなる、手が上がるという。「テノアガルモミジ」といって数える。「テングノウチワ」は七つでだめ。
67　盛り飯に箸を立てるな。死者の枕飯に箸を立てる。
68　モンズイ、エンズイ（ハネミイヌエンジュ）の皮を削って煎じて飲むと病気に効く。薬木《くすりぎ》という。何の薬かは忘却。

## 8．薬草は土用に採るとよく効く―「や」行の俗信―

〔や〕〈四一項目〉―焼米、薬草、野菜、屋根、ヤツデ、山芋、山の神……

1　カンの虫には、チリゲやいとう（灸）をすえる。背骨の三節目にする。
2　焼米《やっこめ》を食べると、できもの（腫れ物）ができる。
3　一月四日の焼き初めまでは、ものを焼かない。
4　一月四日の焼き初めに、初めて餅を焼く。それまでは餅を焼かない。
5　土用の丑の日に薬草を採ると、よく効く。土用に入ったら採る。
6　薬草は土用に採るとよく効く。
7　薬草は土用に干すと虫が付かない。
8　火傷には油を塗ればよい。
9　野菜（青物）は、家の中で燃やすな。病気になる。
10　野菜を生《なま》のまま焼くと、野菜が出来なくなる。

11 ハエコミ（大根や白菜などの芯芽が曲がって下を向いているもの）の野菜は食べてはいけない。逆子を産む。まんが悪い。牛にも食べさせない。

12 出雲屋敷は、方角を何も言わない。（出雲屋敷は、出雲大社で砂をいただいて屋敷にまいて清めた敷地）

13 三段屋敷がよい。上が倉、中が母屋、下がカド（外庭）。

14 屋敷の中に水溜まりを造るな。泉水でも水を溜めたらいけない。

15 なり物（果物など）は屋敷内に植えない。

16 ヤツデを屋敷に植えるものではない。

17 兵隊に行くとき、ヤツデの葉で酒を飲むと無事でおられる。（三人が兵隊に行ったとき、そうした）

18 ヤツデを屋敷に植えると病人が絶えない。

19 鳥目（夜盲症）には、八ツ目うなぎを食べる。

20 夜中にギャーギャーといって鳴くものがあると、よくないことが起こるといって拝んでもらう。（ヤテイ様、ヤッティ様と呼ばれている）

21 柳の幹の中にいる虫を焼いて食べると、のどの痛いのに効く。（一般にヤナギムシとかクリムシと呼ばれている。カミキリムシの幼虫。焼くと香ばしくて美味しい。ヤナギムシで

釣りをすると、ドロバエがよく食いつく）

22 百日咳には、柳の虫を焼いて食べると効く。

23 柳の幹の中にいる虫を焼いて食べると、チリゲに効く。

24 柳の木で切り板《ばん》（俎《まないた》）を作ると、火事がいかない。

25 屋根の上に草が生えたら貧乏する。（草屋根のこと。以前は、ほとんどの家が草屋根だった）

26 屋根に草を生やすな。貧乏する。

27 ホトトギスが鳴き出したら、山芋の芽が出る。山芋類を植える。（昔話「ホトトギスと兄弟」参照）

28 山芋は滋養がある。

29 山芋で中風が治る。（中風になったAさんは、年中、山芋を食べている）

30 五月五日までは山芋が掘られる（食べられる）。それ以降はだめだ。

31 手術のあとには、山芋や里芋を食べない。おごるという（傷が癒《い》えない）。

32 山芋は精力剤。食べると元気になる。

33 中風には、山芋をすって食べる。

34 腎臓病には、ヤマゴボウの根を煎じて飲む。

35 オマキザクラ（山桜の一種）が咲くと麻を播け。

36 山鳥が卵を抱いているときには、山焼きで焼けても逃げない。
37 山の神の日（一月九日）に山へ行くと、「あれとこれと夫婦《めおと》」といって、山の神が木を数えているので、それに数え込まれたら帰られなくなる。
38 一月九日は山の神が木を数える日なので、山に行かれない。山に行くと木に数え込まれる。
39 一月九日は、山の神で、木が縁組をする日だ。「あれとこれと夫婦」と言っているので、山に行くと、木と縁組させられて帰れなくなる（西屋）。
40 ヤンメ（麦粒腫）を見たら、にらんで、三回つばをはきかけると、うつらない。
41 ヤンメを見たら、うつらないように、つばを三遍掛けて、にらめばよい。

〔ゆ〕 ＜一〇一項目＞ —湯、夕焼け、湯灌、雪、ユズ、夢……

1 湯は蓋をしないで沸かさない。（湯灌の湯は蓋をしないで沸かす）
2 横座から湯を汲まない。下座かケン座から汲む。（湯灌のとき横座から汲む）
3 ヌグワズ（西南）が曇ったら夕立が来る。（ホクド＜稲藁の袴＞を、そぐったものを長さ五寸位に切って箱に入れておき、用のあと尻を拭く。その尻をぬぐう間もないうちに夕立が来る）紙が貴重だったので、落とし紙は使用しなかった。山で採ってきた草の大きな葉や稲藁のホクドなどを使った。

4 ヌグワズが暗くなると、すぐ夕立が来る。

5 巽《たつみ》（南東）から夕立は来ない。

6 西からの夕立は、ぼつぼつ来る。

7 夕焼けは明日天気。

8 春の夕焼け蓑《みの》を出せ。（田植え時期の夕焼けは、翌日が雨）

9 夏の夕焼け、あと落とせ。秋の夕焼け鎌を研げ。（夏の夕焼けは、雨が降るので田んぼの「あと」を落とす。〈排水口を開ける〉、秋は天気なので稲刈りの準備をしなさい）

10 湯灌は、浴衣を着て、縄帯でする。湯灌の前に酒を飲む。

11 湯灌に使った水は、屋内の畳を上げ床《ゆか》の下に捨てる。

12 湯灌のあとは、風呂に入って清め、脱いだものは焼く。

13 湯灌の湯は蓋をせずに沸かす。

14 木の葉がついているうちは雪が降らない。木の葉が落ちたら雪が降る。

15 木の葉が青いうち（落葉しないうち）に雪が降ると、大雪の年になる。

16 ウソ（鳥）が雪を連れて来る。

17 泉山（養野）に新雪が来ると三日目には里雪になる。
18 雪虫が飛んだら雪が降る。
19 仙渡し（冠雪）があると、秋日和が続く。
20 十一月二十一日には、あと隠しの雪が降る。（昔話の「あと隠しの雪」を参照）
21 裏戸が鳴ると雪が降る。（裏戸は北側にあるから北風が吹くと雪）
22 アカギレが痛むと雪が降る。
23 雪起こしの雷が鳴ると大雪が降る。
24 雪起こし（山鳴り）がしたら雪が降る。
25 雪起こし（山がゴウーッと鳴る）があると大雪が降る。
26 雪にはガシン（凶作）はない。
27 雪が多いと豊作。
28 大雪が降ると豊作。
29 雪虫が群れて飛ぶと大雪になる。
30 吹き（吹雪）に遭って帰ってきたら、藁火を焚いて当たらせ、水を飲ませる。熱いご飯には水を掛けて食べさせる。（急に熱いものに当たるとよくない）
31 大雪が降ると虫が死ぬ。

32 雪が多く降ると田の虫が死ぬ。
33 大雪が降って寒《かん》がすると畦虫《あぜむし》（田の畦にいる虫）が死ぬ。
34 大雪が降らない年は、田植え後、雨ばかり降る（稲ができない）。
35 節供（旧三月三日）のとき、泉山（養野）に牛の子が寝たほど雪があれば豊作。
36 チト谷の雪が牛の寝たぐらい残ったころに苗床をする。
37 彼岸過ぎての七雪。
38 ユキノシタは、子どもの引き付け、中耳炎、腫れ物の薬。
39 目を回したとき、ユキノシタの汁を気付け薬として飲ます。
40 ユキノシタの汁を飲むとチリゲ（引き付け）に効く。
41 下痢止めには、ユキノシタの葉をもんで飲む。熱冷ましにも効く。
42 ユズ（柚子）は屋敷内には植えない。
43 ユズは屋敷内には植えない。刺《とげ》があるから。
44 ユズの実を竿で、からくと（叩いて落としたら）ユズが、かさぶたになるので、からかない。
45 ユズは植えた者が死なないと、ならない。
46 ユズを植えると、まんが悪い。植えた者が死なないとならない。（拝んでもらってから植えた）

47 ユズの木の刺にミカンを付けると、ユズがなるようになる。
48 果実のならない木には、果実を付けておくと、なるようになる。「教えちゃる」という。ユズでよくする。
49 泉山の岩が見えるところにはユズはならない。（霜が降りたとき、朝日が当たると霜焼けがする。泉山から太陽が出るので、泉山が見える所は霜焼けがするからだろうという）。
50 泉山が見える所にはユズを植えない。
51 ユズの木は、牛の薬になる。薬を刻む台にユズの木を使っていた。
52 ユズの種は、いろりで焼いてはいけない。
53 冬至にユズを食べると風邪を引かない。
54 冬至にユズ湯に入ると風邪を引かない。
55 ユズ湯は、アカギレ、ヒビに効く。
56 年取り（大晦日と節分）にユズを食べると風邪を引かない。（大根なますにユズを入れる）
57 大晦日の晩にはユズ湯をする。病気にならない。
58 大年（大晦日）にユズを食べると風邪を引かない。
59 節分には、年越しだからユズ湯をする。病気にならない。
60 節分にユズを食べると風邪を引かない。味噌漬けのユズでもよい。

61　火事のとき湯文字（腰巻き）を振ると火事（延焼）が止まる。（間男をしたことのない女の腰巻きでないと効果がないともいう）
62　来客が一人でも湯呑みは、必ず二つ出す。四人のときは五つ出す。一つと四つはいけない。
63　指の長い子は器用。
64　色の付いた夢は、よいことがある。
65　色の付いた花の夢は大吉。
66　花の夢は吉。
67　一富士、二鷹、三ナスビの夢を正月三日のうちに見たらよい。
68　初夢には、一富士、二鷹、三ナスビがよい。
69　大火事が燃え上がった夢はよい。
70　火事が燃え上がった夢は吉、ぶすぶすふすぼる夢は凶。
71　旭が昇る夢は立身出世する。
72　天に昇る夢は、物ごとが成功する。
73　夜が明ける夢は、病人が元気になる。
74　雪が降る夢は、よいことがある。
75　山に登る夢は、よいことがある。

76 雷に打たれる夢は、よいことがある。
77 白髪になる夢は、歓び事がある。
78 蛇の夢はよい。大きい蛇ほどよい。金持ちになる。
79 葬式の夢はよい。
80 葬式の夢はよいことがある。大勢の人が寄ってくる。
81 朝夢は正夢《まさゆめ》。夢の中のことが事実になる。
82 水がみなぎる夢は、縁談が調う。
83 月や日が落ちる夢は、親を失う。
84 水に入る夢は、風邪を引く。
85 夫婦で食事する夢は、別れ話が起きる。
86 人が集まる夢は災難がある。
87 大勢の人がいる夢はよくない。
88 嫁取りの夢は、よくない。
89 歯の抜ける夢は、悪いことがある。親戚に不幸がある。
90 田植えの夢を見たら誰かが死ぬ。
91 田植えの夢を見ると、死んだ知らせがある。

92 雨降りの夢はよくない。晴天の夢はよい。

93 雨に濡れる夢は、悪いことがある。

94 栗拾いの夢は、いけない。

95 鏡が割れる夢は、悪いことが起こる。

96 死人がよみがえる夢は、よくない知らせ。

97 座敷に草木が生える夢は、悪いことが起こる。

98 時期はずれの夢は、よくない。（冬に田植えの夢、夏に雪の夢など）

99 悪い夢を見たら貘《ばく》に食べてもらうとよい。貘に夢を食べてくれるように拝む。（貘の神が新聞に載っていたことがあり、その切り抜きを拝んだことがある）

100 ユルイ（囲炉裡）の中で種を焼いたらいけない。焼き切るといって、その物が出来なくなる。（南瓜、ぶどう、西瓜、柿など）

101 初午には、薬缶で湯を沸かさない。鍋で沸かして飲んだ。

## 〔よ〕〈二三項目〉―夜泣き、ヨモギ……

1 遠立ちのときには、四つ足の名前は言われん。

2 四辻に、いくらお金があっても拾わない。（厄逃れで置いているので）

3 四つ葉クローバーを持っていると幸福になる。

4 子どもの夜泣きは、阿曽（鏡野町羽出）の御子岩《みこいわ》様に参ると止まる。

5 川西（奥津川西）の荒神様は夜泣きに効験がある。

6 婿の家から嫁にもらうな。（母が家付きだから何も知らないので、娘のしつけができていない）

7 ヨモギを干したものを枕に入れると、頭がよくなる。

8 ヨモギの干したものを枕の中に入れると頭痛がしない。

9 ヨモギはチリゲの薬。ヤイトウ（灸）にする。伊吹山のヨモギがよい。チリゲヤイトウは、背骨の上から三つ目にする。

10 三月節供に、ヨモギ餅を食べると、ヤイトウの代わりになる。

11 腹痛には、ヨモギを煎じて飲む。

12 貧血には、ヨモギを煎じて飲む。

13 ヨモギのてんぷらは血圧の薬。
14 血圧を下げるのには、ヨモギを煎じて飲む。
15 ヨモギ茶を飲むと血圧を下げる。
16 中風にはヨモギがよい。ヨモギ団子やヨモギ餅でもよい。
17 中風には、ヨモギのごま和えや、お茶にして飲む。
18 切り傷には、ヨモギをもんで付ける。
19 切り傷には、ニラやヨモギをもんで付ける。
20 ヨモギは血止め。もんで付ける。
21 鼻血には、ヨモギをもんで鼻に詰める。
22 牛の食欲がなくなると、ヨモギを食べさせるとよい。
23 ヨモギが屋根に生えたら貧乏する。(「あそこの家には、ヨモギ〈茅とも〉を生やしている」という。以前は、ほとんどの家が茅葺き屋根だった)

## 9. ラッキョウは強壮剤になる―「ら」行の俗信―

〔ら〕＜六項目＞ ―来客、ラッキョウ

1 朝一番に女が来ると、客が多い。
2 来客が帰って、橋を渡るまでは、座敷を掃くものではない。
3 ラッキョウは強壮剤になる。
4 ラッキョウは心臓の薬。
5 ラッキョウを毎日三粒ずつ食べると元気になる。
6 丑湯が来たらラッキョウに実が入るので掘れ。

〔り〕＜二項目＞ ―猟師、リンドウ

1　猟師が三代続いたら貧乏する。恨みを買うという。
2　リンドウの根は、胃腸病の薬。

〔れ〕〈四項目〉―蓮根

1　蓮根を食べると婦人病に効く。
2　蓮根を食べると乳がよく出る。
3　蓮根を食べると、先見《さきみ》れをする（見通しがよくなる）。
4　正月に見通しがよくなるようにと蓮根を食べる。

〔ろ〕〈二項目〉―ロックウ様、ロッカツヒテェ

1　ロックウ様は血を嫌う。（ロックウ様は土公神ともいう。かまどの神、牛の神でもある）
2　六月一日、ロッカツヒテェに、カキモチを食べると台風が来ない。

## 10. 一人婿に食わすだけのワラビは一年中出る――「わ」行の俗信――

〔わ〕 〈二五項目〉 ―ワカメ、ワサビ、藁、ワラビ……

1 若水を汲む時には、「福汲む、徳汲む、幸い汲む、銭汲む、かね汲む、しらぎ（精《しら》げ）の米汲む」と三回唱えて、杓に三杯水を汲む。若水汲みは、男が若水担桶《たご》、杓を持って川に汲みに行く。

2 ワカメは血圧を下げる。

3 妊婦がワカメを食べると、頭のよい子ができる。

4 妊婦がワカメを食べると、髪の黒い子ができる。

5 妊婦が昆布やワカメを食べると、髪の黒い子ができる。

6 風邪で、のどがいがいがするときには、ワカメのサラダを食べると、いがいがが取れる。

7 葉ワサビは蟹の好物で、よく食べられる。

8 ワサビを食べると痔が痛くなる。

9　ワサビ（葉ワサビ）は、とろい者がもんだら辛くならない。

10　ワサビ（葉ワサビ）は、性根の悪い者がもむと辛くなる。

11　ワサビ（葉ワサビ）の花が咲いたら、辛味がなくなる。

12　一把の藁を二人で使わない。（死者には、男は草履、女は草鞋《わらじ》をはかせる。生《き》藁《わら》〈打たない藁〉を一把で、両方から身内の者が抜き合って、片方ずつ作る。ひげもむしらない）

13　棺を担ぐとき履く草履は、一つむしろの上で、藁を、まん中に置いて、二人で片方ずつ作る。それで藁を一緒に使うものではない。

14　藁細工の上手な人は、無器量な嫁さんをもらう。

15　藁火で煮物をしない。藁を焚くのは、亥の子の日にこたつの灰を作るときだけ。（枕飯は藁火で炊くから）

16　ワラビが出たとき、「クチハミ（マムシ）が、くいつきませんように」と唱えて、ワラビを足に塗ると、食いつかれない。

17　ワラビは一人婿に食べさせるだけは一年中ある。

18　一人婿に食わすだけのワラビは一年中出る。

19　ワラビの穂を食べるとガンになる。昔から穂は取って捨てる。

20　ワラビを煮るとき、包丁を入れると固くなる。長いままで煮る。

21 ワラビを沢山食べると胃が悪くなる。

22 小さい毛虫が刺したときには、ワラビの根を抜き、きれいに洗って、すりつけると毛が取れて治る。

23 ワラビ狩りの夢は、よくない。誰かが死ぬ。

24 牛が下痢をしたら、ワラビ（干しワラビ）を煎じて飲ませる。

25 牛の下痢には、ワラビの干したものを一連、煎じてやるとよい。（干しワラビは、ワラビをすだれ状に稲藁で編んで吊るして干す。一連、二連……と数える）

# 四　安藤辰江から採録した「なぞなぞ」

## 〈二段謎〉

1 見ても見ても見飽きんものなーに。（わが子の顔。孫の顔）〈以下、「なーに」は省略〉
2 ハエ止まる、すーべる。（はげ頭）
3 右手では持てるけど、左手では持てないもの。（左手）
4 マメマメいうても食べられんマメ。（手や足のマメ〈肉刺〉）
5 昼間、横になるとできるのに、夜は、横になってもできないもの。（昼寝）
6 毛と毛と合う。身と身と合う。（眠り）
7 寝ているとき見えて、起きているとき見えないもの。（夢）
8 音はすれども姿は見えず。（屁）
9 切っても切っても切れないもの。（親子の絆）
10 逃げても逃げても、ついて来るもの。（影法師）
11 歩いたときの忘れもの。（足跡）
12 誰がとっても叱られないもの。（年齢）
13 餅は餅でも食べられない餅。（焼き餅）

14　大根は大根でも食えぬ大根。（大根役者）
15　取っても取っても叱られんもの。（相撲）
16　一人では出来んもの。（夫婦喧嘩）
17　餅は餅でも食べられない餅。（尻餅）
18　叩いて喜ばれるもの。（肩叩き）
19　切っても切っても血が出ないもの。（指切り）
20　手袋の反対。（ロクブテ。六ぶて（叩け））――「ロクブテ」と答えると、六回叩く――
21　体じゅうに毛が生えていて首に巻き付く、こわいもの。（首巻き）
22　天から長いものが、ぶら下がるもの。（褌）――昔話の形式譚に「天から褌」がある――
23　雪の朝、二の字を書いて行くもの。（下駄）
24　天井があって床《ゆか》がないもの。（蚊帳）
25　縁があっても腰の掛けられん縁。（帽子の縁）
26　山の奥から綿帽子をかぶって出るもの。（ゼンマイ）
27　子どもの頃は、着物をいっぱい着ていて、大きくなると裸になるもの。（たけのこ）
28　一本でも九本ある瓜は。（キュウリ）
29　青竹節なし。（ネブカ〈ネギ〉）

30 むいてもむいても皮ばっかり。（ラッキョウ）
31 あるのに、ない果物。（梨）
32 京都の魚とは、どんな魚。（鯨）
33 上は戦争、下は大火事。（豆煎り）
34 今は、しわくちゃまぶれじゃが、昔はウグイス鳴かしたこともある。（梅干）
35 もとは白いのに、悪《あく》（灰汁）に染まらにゃあ、できんもの。（こんにゃく）
36 四方白壁、中ちょんぼり。（豆腐）
37 長崎からやって来る食べ物。（おこわ）――昔話の形式譚「長い話」に、「長い話は長崎からおこわ」がある――
38 なかめしぐるりあん。（ぼたもち）――「中飯ぐるり餡《あん》と記せばよく分かるが、少し早口で言うと何か分かりにくい――
39 押すと、アン出ーる。（まんじゅう）
40 うまい、嗅《くさ》いはなんなら。（雲隠《せっちん》〈便所〉で饅頭《まんじゅう》食う）
41 黒牛の尻を赤牛が、ねぶりょうるもの。（くど〈かまど〉の鍋《なべ》）
42 下から吸って上からはき出すもの。（煙突）
43 座れば高く、立てば低くなるもの。（天井）

44　晩に出して朝入れるもの。（戸袋）
45　表はすべり山、裏は段々山。（障子）
46　段という段に腰掛けられんものは。（障子）
47　竹蔵が腹を下だす、木蔵《もくぞう》が止める。（自在鉤《じざいかぎ》）
48　四つ足でよう歩かんもん。（こたつ）
49　上は大水、下は大火事。（風呂）
50　いるときいらず、いらないときいるもの。（風呂の蓋《ふた》）
51　いるときいって、いらないときいらないもの。（風呂のさな。下水板《げすいいた》〈五右衛門風呂で底に入れる板〉「げすいた」という）
52　おとこのまん中にぶら下がっているもんで、両方に玉が付いているもの。（掛け軸）
53　ひねるとジャー。（水道）――「ひねるとジャー出る」ともいう――
54　落ちりゃ落ちるほど上に上がるもの。（釣瓶《つるべ》）
55　一人で満員になるもの。（便所）
56　夜になってつき、朝になって消えるもの。（電灯）――電灯がついたころは、夜間しか通電していなかった――
57　かけてもかけても進まないもの。（椅子《いす》）――「腰掛ける」と「駆《か》ける」の、同訓異字の謎――

58 一本足の一つ目小僧。（針）
59 金《かね》ざん竹ざん金くりざん、中は飛脚の通り道。（きせる）
60 上は算盤《そろばん》、下はぶらんこ。（天秤《てんびん》）
61 使うときいらんで、使わんときいるもの。（万年筆の蓋）
62 若い時は白髪で、年を取ると黒くなるもの。（毛筆）
63 下に置けば便利、上に置けば邪魔になって勉強できない。（下敷き）
64 いらんときいって、いるときいらんもの。（ごみ箱）
65 拭《ふ》けば拭くほど汚くなるもの。（雑巾）
66 猫の皮を着てバチの当たるもの。（三味線）
67 上は算数、下はぶらんこ。（柱時計）
68 腹で食うて背中で出すもの。（かんな・鉋）
69 頭を叩かねば役に立たぬもの。（釘《くぎ》）
70 あればあって使え、なければのうて使えるもの。（縄）――「縄をなって」は、岡山弁で、「縄をのうて」と言う。また、「なければ、なくて」を「なければ、のうて」と言う――
71 木段、金段、金刳《かねく》り段、中は飛脚の通り道。（鉄砲）

72　目で見ずに手で見るもの。（風呂の湯加減）
73　怒れば怒るほど赤くなるもの。（炭火）
74　道の中の二の字。（下駄の跡）
75　初め黒うて、赤うなって、白うなるもの。（木炭）
76　濡れた着物を着て、乾いたら脱ぐもの。（物干し竿）
77　上から読んでも下から読んでも同じもの。（新聞紙・しんぶんし）
78　いつも赤い顔をして道の端に立っているもの。（郵便ポスト）
79　一日中片足上げて田んぼに立っているもの。（かかし・かがし）
80　朝早く赤い手拭いをかついで、庭を掃くもの。（鶏）
81　朝早くから赤い烏帽子《えぼし》を着て歌をうたうもの。（雄鶏）
82　六角堂に小僧一人。（ホオズキ）
83　秋になれば山の奥から招くもの。（ススキ）
84　木より高い草。（藁《わら》）―藁の字を分解すると、下から木、高、草（艹）となる。
85　取っても取っても取られんもの。（相撲）
86　しないでするもの。（剣道）
87　破って喜ばれるもの。（記録）

88 落としてもいないのに落としたという玉。（お年玉）

89 一日一日、やせていくもの。（日めくり暦）

90 朝出て晩に入るもの。（太陽）

91 きれいな川なのに魚がいない川。（天の川）

92 赤く焼けても燃えていないもの。（夕焼け）

93 切っても切っても切れないもの。（水）

94 家のぐるりを槍を刺いて回りょうるもの。（つらら）

95 寒けりゃ寒いほど大きゅうなるもの。（霜柱）

96 家の周りを太鼓を叩いて回るもの。（雨垂れ）

97 鳥なのに羽根のない鳥。（ちりとり）

98 切っても切っても切れないもの。（トランプ）

99 どこへ行くのも家を負うて行くもの。（カタツムリ）

100 たてたてようこよこ、丸ぅ書いてちょんちょんちょん。（馬）

## 〈三段謎〉

1　破れ障子と掛けて何と解く――ウグイスと解く。その心は、貼る（春）を待つ。
2　横着者の昼から洗濯――牛と馬――もうひんひん。
3　時雨――姑の朝笑い――いつ降るやら曇るやら。
4　女房と畳――ペン先――新しい方がよい。
5　春の夕暮れ――有権者――くれそうでくれない。（「日が暮れそうで暮れない」と「票をくれそうでくれない」の掛け言葉）

# あとがき

鏡野町羽出には、本当によく通った。今回は、主に俗信を採録するために安藤辰江さん、美若譲子さんなどを、たびたび訪ねていった。

何回も訪ねるうちに、質問を十分伝えきれないのに、こちらの質問内容を予想されて、ちゃんと答えを準備して下さっていた。

若いころから岡山県内を中心に、昔話の採録のため多くの語り手を訪ねた。その中で特に印象に残っている語り手が、何人かおられる。最初の訪問のときは、初対面で、ぎこちない会話が続くが、二回、三回になると、旧知の間柄のように、気持ちが通じ、私の質問を聞かないうちに、ちゃんと予想し、答えを準備下さる。こういう関係を阿吽《あうん》の呼吸というのだろう。仲のいい夫婦の会話のようなものだ。安藤さんも、その一人である。

これまでの採訪は、主に民話（昔話、伝説、世間話）だったが、今回は、俗信という新しく挑戦する分野である。俗信は、生活のあらゆる分野にあるため、どう質問し、答えを引き出し、広い分野をくまなく調査することができるか——事前の十分な準備と、相手に十分理解していただけるような問いをどうするか、苦労したところだ。

相撲でいうと仕切って立ち上がる、二人の呼吸がぴったり合わないと、いい相撲にはならない。採訪も相撲の立ち合いと同じようなものだ。

本書には安藤辰江さんの三千二百項目以上の俗信を収載することができた。採訪者の私と安藤さんの気持ちがぴったり合わないと、三千項目以上の俗信を聞き出すことは不可能だろう。片道、自動車で二時間余りかけて通った甲斐があった。これまでの民俗調査報告書では、「俗信一束」というような形で、誰からこの俗信を採録したかは、ほとんど明らかになっていない。また、俗信の数もわずかだった。今回の調査で、「安藤辰江の俗信三千二百余項目」と、伝承者名も合わせて三千項目以上も報告される例は、全国でもないであろう。

ぜひ、お読み下さり、ご批評、ご質問などをいただければ幸いである。

本書が刊行できたのは、安藤辰江さんとご家族のみなさん、地域のみなさん、町役場の職員みなさんなどの力を借りることができたからである。本当にありがとうございました。

本書に続き、羽出の美若譲子さんたちの俗信を報告したいと考えている。ご期待下さい。

これまでは県内どこへでも自動車で出掛けて調査を行ってきた。八十六歳という高齢になり、自動車運転免許証を返納したため、遠いところには出かけることが難しくなった。羽出の安藤さんたちのように、たびたび訪ねて調査することは、もう出来ないだろうと思うと寂しい。

でも、これまで調査しながら、ちゃんと報告書を出していないものがまだ多くある。元気なうちに、これらの報告ができるように努力しようと思っている。

みなさんからの励ましを受けて、元気で精進していこうと、新たな気持ちでいるところだ。

今後とも、よろしくお願いします。

二〇二四年七月七日　八十六歳

立石　憲利

**立石　憲利**（たていし　のりとし）

1938年、岡山県久米郡大井西村（現津山市）で生まれる。総社市在住。子どものころから、民話を父母から聞いて育つ。長年にわたり民話を中心に民俗の採訪を行い、採録した民話は約１万話。民話の語りも行い、語り手養成のため「立石おじさんの語りの学校」を各地で開き、県内各地に語りのグループを結成する。

著書＝『日本昔話通観』（常任編集委員）（同朋舎）『中国山地の昔話』（三省堂）『美作市の民話』（美作市教育委員会）『つやまの民話』（津山市）など280冊（点）以上。

現在、日本民話の会運営委員（前会長）、岡山民俗学会名誉理事長、岡山県語りのネットワーク名誉会長など。

2004年久留島武彦文化賞、2005年聖良寛文学賞、2007年山陽新聞賞、岡山県文化賞などを受賞。

**岡山県鏡野町の俗信①**

**嘘をつくと尻に松が生える**

**安藤辰江の俗信三千二百余項目**

---

2024年11月28日　初版発行

編　著　立石 憲利

〒719-1154　岡山県総社市井尻野199

電話・ファックス0866-93-4588

発行所　吉備人出版

〒700-0823　岡山市北区丸の内2丁目11-22

電話086-235-3456　ファックス086-234-3210

ウェブサイト www.kibito.co.jp　メール books@kibito.co.jp

印刷所　サンコー印刷株式会社

製本所　日宝綜合製本株式会社

---



ISBN978-4-86069-754-9 C0039